体育学术研究文丛

儿童青少年运动与营养实用指南

苏 浩 李 良 张一民 主编

北京体育大学出版社

策划编辑：田　露
责任编辑：田　露
责任校对：吴　珂
版式设计：李　鹤

图书在版编目（CIP）数据

儿童青少年运动与营养实用指南 / 苏浩, 李良, 张
一民主编. -- 北京 : 北京体育大学出版社, 2024. 10.
ISBN 978-7-5644-4201-9

Ⅰ. G806-62；G804.32-62

中国国家版本馆CIP数据核字第2024KF0005号

儿童青少年运动与营养实用指南
ERTONG QINGSHAONIAN YUNDONG YU YINGYANG SHIYONG ZHINAN

苏　浩　李　良　张一民　主　编

出版发行　北京体育大学出版社
地　　址：北京市海淀区农大南路1号院2号楼2层办公B-212
邮　　编：100084
网　　址：http://cbs.bsu.edu.cn
发 行 部：010-62989320
邮 购 部：北京体育大学出版社读者服务部 010-62989432
印　　刷：三河市龙大印装有限公司
开　　本：710mm×1000mm　　　1/16
成品尺寸：170mm×240mm
印　　张：6.5
字　　数：119千字
版　　次：2024年10月第1版
印　　次：2024年10月第1次印刷
定　　价：50.00元

编委会

主　编：苏　浩　李　良　张一民

编　委：张　斌　温天皓　邵　佳

　　　　刘馨鸿　杨　青

支持单位

北京体育大学运动与体质健康

教育部重点实验室

前言

我国经济水平和国民生活质量有了很大改善，但儿童青少年体质健康状况没有越来越好，反而有下降的趋势。自1987年建立全国学生体质与健康调研制度以来，30多年的监测数据显示，我国儿童青少年体质健康部分指标有所好转，但力量、速度、耐力、柔韧性、灵敏性和协调性等身体素质仍处于较低水平，形势依然很严峻。

儿童青少年的体质健康状况，于国家和社会层面影响儿童青少年的成材率，于个人和家庭层面影响儿童青少年的健康生长和家庭幸福。提高儿童青少年身体素质、促进其身心全面发展需要国家、社会、学校、家长和儿童青少年自身共同努力。

除了遗传因素外，运动和营养也是影响儿童青少年生长发育与体质健康水平的重要因素。规律的运动既可以增强儿童青少年的体质，也可以促进他们的正常发育；营养是儿童青少年生长发育的重要物质基础，合理的营养摄入不仅能促进生长发育，还有助于提高身体素质、预防疾病。

儿童青少年生长发育与体质健康的第一责任人是家长和儿童青少年自身，其次是学校的教师和其他体育培训机构相关人员。在国家和社会的高度重视下，各方应通力协作，家庭、学校、社会和国家合力，共同促进儿童青少年生长发育，提升其体质健康水平。

本书阐明了儿童青少年在生长发育过程中的力量、速度、耐力、柔韧性、灵敏性和协调性等身体素质的发育特点及发育的最佳时机，在此基础上介绍了儿童青少年的锻炼原则，并给出了具体的锻炼方法及注意事项；同时，结合儿童青少年的生长发育与身体素质发展的特点，介绍了与促进儿童青少年生长发育的体育锻炼相适应的合理饮食原则、膳食搭配与养成健康饮食习惯的方法。本书还对儿童青少年进行体育锻炼和日常饮食过程中易出现的误区进行了归纳及纠正，并给出了科学、正确的方法，便于读者学习。本书具有很强的指导作用，有助于家长、体育教师、体育培训机构从业者通过体育锻炼与饮食干预提升儿童青少年生长发育水平和体质健康水平。

本书在编写过程中得到了体育科研院所、体育高等院校的专家、学者的帮助，在此表示衷心的感谢。

限于编写人员的水平，这本书难免有缺漏之处，我们恳请广大读者多提宝贵意见，以便在后续修订中不断完善，提升质量。希望本书可以为家长、体育教师、体育培训机构从业者等学习相关知识提供帮助，为提高儿童青少年身体素质、促进儿童青少年健康成长提供支持和保障。

目录 CONTENTS

第一章　儿童青少年生长发育的基本知识

第一节 儿童青少年生长发育的概念、特点及影响因素

一、生长发育的概念

生长是指身体各器官、系统的成长和形态变化，可用相应的数值来表示其变化，是量的改变；发育是指细胞、组织和器官的分化完善与功能上的成熟，是质的改变。生长和发育紧密相关，生长是发育的物质基础，而发育状况又可以反映生长的量的变化。人的生长发育是指人从受精卵到成人的成熟过程。生长和发育是儿童青少年不同于成人的重要特点。

生长发育还包括心理发展。心理发展是指个体从出生、成熟、衰老直至死亡的整个生命进程中所发生的一系列心理变化。在心理发展过程中，儿童青少年需要克服不同的阶段性发展任务，包括身份认同、自我价值感建立、人际关系处理、情绪管理等。

二、儿童青少年生长发育的特点

儿童青少年的生长发育呈现三个特点，分别是过程的阶段性与连续性、速度的不均衡性、各系统发育的时序性与统一性。

（一）儿童青少年生长发育过程的阶段性与连续性

1.儿童青少年生长发育过程的阶段性

儿童青少年的生长发育过程除了量的增加，还存在质的改变，可划分为不同的生长发育阶段，在不同生长发育阶段及各阶段的不同时期内所表现出的行为特征主要由个体自身决定。儿童青少年的生长发育阶段主要包括胎儿期、婴儿期、幼儿期、学龄前期、学龄期、青春期和青年期。此外，在儿童青少年的身心发育方面，还可以观察到许多其他的关键期，例如，2～3岁是儿童语言发育的关键期，6岁前是儿童社会化行为发展的关键期，等等。

2.儿童青少年生长发育过程的连续性

生长发育是一个动态的连续过程，该过程中既有身体各器官、系统的量的积累，又伴随着身体各功能的逐渐成熟。身体组织、器官乃至整个系统及心理行为的发育速度不同通常会导致个体差异较大。生长的轨迹现象是指儿童青少年在正常环境下，生长过程将按遗传潜能决定的方向、速度和目标发育。在生长发育过程中，一些儿童青少年可能会由于疾病、营养、心理等因素而出现生长迟缓的现象，而当这些不良因素被消除时，人体就会按照正常的生长轨迹进行连续性生长发育。

（二）儿童青少年生长发育速度的不均衡性

儿童青少年身体形态发育速度呈现阶段性的增长。在生长发育的不同阶段，身体不同部位的发育速度是不均衡的。人的整个生命过程存在两个生长突增期：第一生长突增期是胎儿期并延续至出生后1～2年，胎儿期身长平均增长约50厘米，生长突增期从孕中期开始持续至1岁末，其中仅孕中期4～6个月的增长量就占胎儿期身长总增长量的50%，出生后第一年会增长约25厘米，第二年增长约10厘米；第二生长突增期是青春期，儿童青少年的身高从每年增长5～10厘米开始，逐渐进入突增高峰，此时期一年可增长10～14厘米。

（三）儿童青少年各系统发育的时序性与统一性

婴幼儿期的粗大动作发育程序按照头尾发展规律进行，即抬头、翻身、坐、爬、站、走、跑、跳；同时，粗大动作和精细动作遵循近侧发展规律，即近躯干的四肢肌肉先发育，手的精细动作后发育。其他发育阶段身体各系统发育也呈现类似的时序性，主要体现在各个器官和系统的成熟度随年龄的变化而变化。

在遗传和环境的共同作用下，儿童青少年的身心发育存在显著的个体差异。在同性别、同年龄的群体中，虽然个体的发育速度、发育水平等都不相同，但其多数指标呈现一定的集中趋势。因此，多数生长发育指标在群体表现上多符合正态分布特征。

三、影响儿童青少年生长发育的因素

儿童青少年的生长发育受自身和外界多方面因素的影响，主要涉及以下八种因素。

（一）遗传因素

儿童青少年的身高与遗传有很大的关系，例如人在成年期的身高与父母平均身高间的遗传度为0.75，即身高的75%取决于遗传。父母的身体形态、皮肤颜色、毛发多少等，都在一定程度上对子女有影响。一般而言，父母身材较高的孩子在成年后与父母身材较矮的孩子相比身材相对较高。有研究者对父母身高与子女身高的相关性进行统计分析后发现，父母的平均身高与子女身高具有较高的相关性。可见，儿童青少年的生长发育受遗传的影响较大。

（二）营养因素

营养是儿童青少年生长发育的重要物质基础。适宜的营养不仅有益健康、促进生长和智力发育，而且对各种与营养相关的疾病（如肥胖、近视、营养不良等）和慢性疾病（如糖尿病、高脂血症、心脑血管疾病等）的预防具有长期作用。近年来，我国儿童青少年的营养水平得到显著提高，但钙、铁、锌等营养素缺乏的现象依然十分普遍，因此儿童青少年营养问题仍值得关注。

（三）家庭因素

家庭是儿童青少年最重要的生活环境，家庭直接或间接地影响着儿童青少年的生长发育。影响儿童青少年生长发育的家庭因素包括家庭的社会经济状况、父母素质、早期智力开发、非智力因素的培养、教育方式及家庭结构的完整性。有研究表明，儿童青少年如果缺乏来自家庭的关爱，可能导致体内分泌的生长激素减少，进而使其身高低于同龄人的平均身高。

（四）日常作息因素

规律的作息时间是儿童青少年发育的重要保障。入睡后，脑垂体的前叶会分泌促进儿童青少年生长发育的生长激素。如果睡眠不足，生长激素分泌就可能受阻，严重者可导致精神性侏儒症。因此，合理安排儿童青少年的作息，使其生活有规律、有节奏，这是保证儿童青少年正常生长发育的必要条件。

（五）运动因素

规律的运动既可以增强儿童青少年的体质，也可以促进他们的正常发育。运动能够促进机体的新陈代谢，对儿童青少年的生长发育十分有利。另外，运动能促进儿童青少年的骨骼生长，经常运动可以加快人体的血液循环，补充骨骼生长所需要的营养物质；同时，运动可以刺激内分泌系统，加速骨骼的生长。此外，运动还可以使人体肌纤维增粗，增强肌肉的工作能力，进而促进其他器官、系统的生长发育。

（六）自然环境因素

儿童青少年身体形态发育与其所居住的地区和环境有密切的关系。我国人口的身体形态总体上存在地域分布差异，这种差异基本以秦岭—淮河为界，南北差异显著；城市和乡村儿童青少年身体形态发育也表现出不同的趋势。产生这些差异的原因之一是水土中各种化学物质及微量元素的成分和含量的地域差异。这对儿童青少年的身体形态发育有很大的影响，例如，水土中氟含量过多会对儿童青少年的身高、体重、胸围和其他身体形态指标产生不利影响。

（七）疾病因素

各类疾病都可对儿童青少年的生长发育产生影响，影响程度取决于疾病的性质、严重程度、累及的器官等，如高热惊厥、寄生虫感染、长期消化功能紊乱、反复呼吸道感染、内分泌系统疾病及大脑发育不全等，都可直接对儿童青少年的生长发育产生不利影响。

（八）社会因素

人类生活于社会环境中，社会因素对生长发育的影响是多层次、多方面的，不仅会影响儿童青少年的身体发育，也会对心理、智力和社会行为的发展产生影响。社会因素包括政治制度、经济状况、城乡差异、卫生保健、文化教育等，这些因素相互交织，对儿童青少年的生长发育产生直接影响。经济发达、生活水平较高地区的儿童青少年的生长发育状况普遍良好。国内外的研究结果都表明，城区儿童青少年的生长发育水平高于郊区，郊区儿童青少年的生长发育水平高于农村。

第二节　我国儿童青少年生长发育的特点与体质健康现状

一、我国儿童青少年生长发育的特点

（一）我国儿童青少年身体形态的发育特点

身体形态是指人体外部的形态和特征。对于正处于生长发育期的儿童青少年来说，身体形态的发育状况是生长发育过程中最显而易见、最有代表性的指标，并且相对容易评价。对不同发育阶段的儿童青少年，我们应选择适合的测试指标评价其身体形态的生长发育状况。通常情况下，常用的人体形态测量指标包括身高、体重、胸围、坐高等，而对于评价儿童青少年生长发育来说，上述指标生成的形态派生指数，如体重指数（body mass index，BMI）、身高肺活量指数等，比单一指标更能客观反映身体形态的变化。

身高（表1-1、表1-2）和体重不仅是反映儿童青少年身体形态发育的重要指标，也是反映儿童青少年身体形态纵向和横向发育水平最客观、最直观的指标，更是一个人健康状况的重要标志。当今经济的快速发展、生活方式和饮食方式的改变使人们的平均身高和平均体重处于不断增长的趋势。身高、体重不仅是评价生长发育水平的重要依据，而且可用于计算体力和身体指数以评价身体形态及一般能力，具有较大的应用价值和实际意义。全国学生体质调研结果显示，我国男、女生的身高、体重的长期生长有明显的正向变化，这种变化随时间的推移呈逐渐增大的趋势；与外国同年龄组儿童青少年相比，我国儿童青少年的身高增长水平较高，而体重增长水平与其相似。

表1-1　7～18岁男生身高发育等级划分标准

年龄/岁	-2SD/厘米	-1SD/厘米	中位数/厘米	+1SD/厘米	+2SD/厘米
7	113.51	119.49	125.48	131.47	137.46
8	118.35	124.53	130.72	136.90	143.08
9	122.74	129.27	135.81	142.35	148.88
10	126.79	133.77	140.76	147.75	154.74
11	130.39	138.20	146.01	153.82	161.64
12	134.48	143.33	152.18	161.03	169.89
13	143.01	151.60	160.19	168.78	177.38
14	150.22	157.93	165.63	173.34	181.05
15	155.25	162.14	169.02	175.91	182.79
16	157.72	164.15	170.58	177.01	183.44
17	158.76	165.07	171.39	177.70	184.01
18	158.81	165.12	171.42	177.73	184.03

资料来源：中华人民共和国国家卫生健康委员会.7岁～18岁儿童青少年身高发育等级评价：WS/T 612—2018［S］.北京：中华人民共和国国家卫生健康委员会，2018：2.

表1-2　7～18岁女生身高发育等级划分标准

年龄/岁	-2SD/厘米	-1SD/厘米	中位数/厘米	+1SD/厘米	+2SD/厘米
7	112.29	118.21	124.13	130.05	135.97
8	116.83	123.09	129.34	135.59	141.84
9	121.31	128.11	134.91	141.71	148.51
10	126.38	133.78	141.18	148.57	155.97
11	132.09	139.72	147.36	154.99	162.63
12	138.11	145.26	152.41	159.56	166.71
13	143.75	149.91	156.07	162.23	168.39
14	146.18	151.98	157.78	163.58	169.38
15	147.02	152.74	158.47	164.19	169.91
16	147.59	153.26	158.93	164.60	170.27
17	147.82	153.50	159.18	164.86	170.54
18	148.54	154.28	160.01	165.74	171.48

资料来源：中华人民共和国国家卫生健康委员会.7岁～18岁儿童青少年身高发育等级评价：WS/T 612—2018［S］.北京：中华人民共和国国家卫生健康委员会，2018：2.

1.身高的发育特点

在评价儿童青少年生长发育的诸多指标中，身高是较为明显且有代表性的易测指标，因此，身高是评价生长发育的首选指标，也被公认为正确评价身体形态发育水平、速度及匀称度的不可缺少的指标。

身高年增长值通常作为评价身体形态发育速度的常用指标，用来判断人体发育过快或者过缓。身高作为反映人体骨骼纵向生长发育水平的重要指标，受到年龄、性别、种族、地区、生活水平、健身状况、疾病和遗传等因素的影响，其测量工具为身高计。

2.体重的发育特点

体重作为反映人体横向发育的重要指标，反映了人体肌肉、骨骼、脂肪及内脏器官的综合发育状况，是衡量健康水平的重要指标。通常情况下，评价儿童青少年体重最为简单、准确的测量工具为体重秤。

近年来，我国儿童青少年的肥胖检出率快速上升。肥胖会严重影响儿童青少年的正常生长发育。如果在体重快速增长的同时，身高增长的幅度较小，就会导致身体形态发育的不平衡。在一些经济比较发达的城市，肥胖儿童青少年日益增多，肥胖引起的并发症，如高血压、糖尿病等，也严重影响着儿童青少年的生长发育状况。我国对儿童青少年生长发育纵向监测的结果表明，在过去30年中，儿童青少年身体素质和机能方面的指标有的提高并不明显，有的停滞不前，还有的甚至呈现明显下降的趋势，而体重则呈明显上升趋势，这凸显了儿童青少年体重的增长速度已经远远高于其他指标的增长速度，容易导致儿童青少年生长发育的失衡。

3.围度的发育特点

围度主要包括胸围、腰围、臀围等。胸围是人体厚度和宽度最有代表性的指标，反映人体胸廓、胸部肌肉和呼吸器官的发育状况，因此也是衡量人体生长发育水平的一个重要指标。腰围在一定程度上反映腹部皮下脂肪厚度和营养状态，是间接反映人体脂肪状态的简易指标。臀围则是反映人体臀部肌肉和皮下脂肪发育状况的指标。

胸围、臂围、腿围、肩宽、骨盆宽等身体形态发育指标，都有各自的突增阶段，并且存在明显的性别差异：男孩肩宽的突增幅度大，而女孩骨盆宽的突增较男孩明显；男孩与女孩的胸围变化和肩宽类似；男孩臂围与腿围的突增幅度较女孩大，而且青春期后这些差别随着年龄增长会越来越明显。最终，男孩形成了肩部宽、骨盆窄、胸围大、肌肉发达的男性体态，女孩则形成了骨盆较宽、肩部较窄、胸围较小、体脂丰满的女性体态。

青春期时儿童青少年围度和宽度的改变，充分反映了男女不同的体态特点。《2014年全国学生体质与健康调研结果》显示，儿童青少年的胸围、腰围和臀围呈现不断增长的趋势，这也与儿童青少年肥胖检出率的增长密切相关。

（二）儿童青少年身体机能的发育特点

身体机能是指人的整体及其各器官和系统所表现出的生命活动。身体机能发育主要表现为呼吸功能、肌肉功能和心血管功能的改善与提高。身体机能发育的具体表现是呼吸肌和心肌力量增强、胸廓运动幅度增大和血管壁弹性增加等。

1.儿童青少年呼吸功能的发育特点

肺活量是反映儿童青少年呼吸功能发育的重要指标。肺活量是指一次最大吸气后再尽最大能力呼出的气体量，代表肺一次最大的机能活动量，是反映生长发育水平的重要机能指标之一。肺活量作为一个简易可行的指标，可以间接地反映人体的最大摄氧量水平和心肺功能。肺活量体重指数为肺活量与体重的比值（每千克体重的肺活量的相对值），用于反映肺活量与体重的相关程度。肺活量体重指数在有氧代谢项目运动员选材和学生体质综合评价中也有一定参考价值。其计算公式为"肺活量/体重"，肺活量的计量单位为毫升，体重的计量单位为千克。

人体的肺活量与身高、体重、胸围、体表面积等有着密切的关系，因此常用肺活量体重指数，对不同年龄、性别、地区、种族、运动项目的个体或群体进行比较评价，这样更能客观地反映和评价他们之间的差异，该指数数值越大，表明肺功能越好。

2.儿童青少年肌肉功能的发育特点

肌力是指人体各肌肉（肌群）进行均衡、适度的发展以满足身体正常生活和工作需要的能力。

儿童青少年的肌肉含水多，含蛋白质、脂肪、无机盐少，力量小，耐力差，易疲劳，但恢复较快。肌肉的生长发育是不平衡、不均匀的，大肌肉早于小肌肉，躯干肌早于四肢肌，屈肌早于伸肌，上肢肌早于下肢肌。8～9岁后，力量随肌肉发育而逐渐增加，10岁前，男孩与女孩的肌肉发育状况无差异；女孩力量增长速度最快的时期为10～13岁，男孩力量增长速度最快的时期为14～17岁；女孩在16～21岁时力量逐渐增长至最大，男孩在18～25岁时力量逐渐增长至最大。握力是用来反映上肢肌肉力量的典型指标。

3.儿童青少年心血管功能的发育特点

儿童青少年的心血管系统的特点较成人有所不同，其血液总量比成人少，但血液总量占体重的比例高于成人，约占体重的11%。儿童青少年的心脏容积小，心率快，血压低（外周阻力小），因此运动时主要靠增加心率来增大心输出量。体质测试时通过检测儿童青少年的心率、血压来评估其心血管功能。

二、我国儿童青少年体质健康现状

2021年，教育部发布了第八次全国学生体质与健康调研结果，公布了2019年全国学生体质与健康调研结果。结果显示，与2014年相比，2019年我国6～22岁城乡学生身体形态发育水平等继续向好。肺活量水平全面提升。营养不良状况持续改善，2019年6～22岁学生营养不良率为10.2%，且基本没有重、中度营养不良。乡村小学生（7岁、9岁组）蛔虫感染率持续降低。此外，中小学生身体素质继续呈现稳中向好趋势：与2014年相比，7～18岁学生中，除少数组别外，多数组别的速度素质（50米跑）有所提高，力量素质（握力、仰卧起坐）略有好转，耐力素质有所好转，女生柔韧素质（坐位体前屈）出现好转。

虽然学生体质健康状况持续改善，但学生视力不良率和近视率偏高、超重肥胖率上升、握力水平下降，大学生身体素质下滑。

虽然近年来我国儿童青少年体质健康状况有所好转，但发展呈现明显的城乡和地区差异，体质健康各要素间不平衡发展的现象较为突出，在身体形态发育指标、身体充实度等提高的同时，由于青少年"静坐少动"生活习惯的养成、运动场所狭小、新兴运动方法匮乏等原因，身体机能和身体素质持续下降；肥胖、超重检出率持续增加，耐力、力量素质处于较低水平。"90后"青少年的身高、体重，维尔维克指数［其计算公式为（胸围+体重）/身高×100，胸围、身高的单位为厘米，体重的单位为千克］，BMI较"80后"有明显提高，男性胸围略有增长，女性胸围减小；肺活量呈现"少年降、青年升"的趋势；速度、爆发力素质代际间总体显著降低；力量及耐力素质总体显著降低，呈现"年龄增、成绩降"的态势。

第三节 运动与营养对儿童青少年生长发育的影响

一、运动对儿童青少年生长发育的影响

生命在于运动，运动需要科学。适度的运动是促进儿童青少年身心生长发育的重要因素。运动在消耗体内储存物质的同时也为机体的"超量恢复"奠定了基础。"超量恢复"是指运动后通过补充营养物质，加快运动后合成代谢过程，进而使体内营养物质积累超过运动前水平。"超量恢复"有助于促进身体各系统的生长发育，因此可以说运动从各个方面促进了儿童青少年的生长发育。

（一）运动对儿童青少年骨骼的影响

骨量是指单位体积的骨组织内骨矿物质（钙、磷等）和骨基质（骨胶原、蛋白质、无机盐等）的含量。人体骨骼的强度与骨量密切相关，骨量也反映了骨骼的健康情况。骨量的增加和维持需要保持适度强度的运动，日常生活中的跑步和跳跃等可以满足刺激骨量增加的需求。从儿童青少年的角度来讲，青春期被认为是促进骨骼生长发育、提高骨量峰值的关键时期，研究发现在青春期前后进行运动远比在成年后进行运动更有利于骨量的积累。

此外，运动可显著促进骨骼的生长发育。在运动过程中，骨骼压力显著增加，骨骼系统持续处于轻度超负荷状态。运动引起骨骼重塑，骨量增加，使骨骼增粗、骨质坚实，并促进软骨细胞成骨，增加身高。大量研究证实，在任何时候开始运动对于维持骨量都具有积极作用，因此不仅儿童青少年时期要加强运动，适度的运动应当贯穿整个生命活动过程。

（二）运动对儿童青少年心肺功能与心血管功能的影响

长期规律性的运动对儿童青少年心肺功能的发育十分重要。运动可以提高心肌收缩力，使心脏的每搏输出量增加，从而提高心脏供血能力。此外，运动还可以降低血压。在运动过程中，人体耗氧量的增加会促进肺通气量、肺容量和血红蛋白的增加，进而增强呼吸功能。可见，长期规律性的运动可以提高儿童青少年的心肺功能。

运动使骨骼肌的血液供应大幅增加，骨骼肌的血管舒张，进而使外周阻力下降，舒张压下降。与此同时，儿童青少年在运动过程中心率加快，心肌收缩力增强，心输出量增加，进而收缩压上升。因此，长期规律性的运动可以提高儿童青少年的心血管功能。

（三）运动对儿童青少年视力的影响

户外运动不但能调节睫状肌的紧张状态，缓解眼部疲劳，还可降低近视的发生率和强度，并且户外光照与眼球发育有关，因此最佳的护眼方法就是进行户外运动，如打球、跑步等。明媚的阳光、绿色的草地，能加速眼球、眼部肌肉、视神经的营养物质和氧气的供应，有效缓解眼部疲劳。如果儿童青少年能够保持每天进行适量户外运动的好习惯，不仅能强健体魄、放松精神，而且更多的日晒有助于机体合成维生素D，对视力有一定的保护作用。因此，对儿童青少年而言，户外运动是最理想的保护视力的方法。

（四）运动对儿童青少年激素分泌和大脑功能的影响

运动能有效调节内分泌系统，使生长激素出现类似深度睡眠时的脉冲式分泌，进而促进性激素分泌，分泌旺盛的性激素通过神经-内分泌轴的反馈加速下丘脑促性腺激素释放激素的分泌，从而促进青春期儿童青少年的生长发育。经常运动可提高神经系统的工作强度、灵活性和协调性等，使大脑的兴奋-抑制过程合理交替，有助于消除神经紧张和大脑疲劳，提高学习效率。

二、营养对儿童青少年生长发育的影响

营养是机体生长发育最重要的物质基础，而合理饮食则是营养的基础。合理饮食不仅可以满足儿童青少年每天的生理需要，而且有利于其自我健康管理和慢性病的预防。食物营养素包括蛋白质、脂类、碳水化合物、维生素、矿物质、水等六大类，膳食纤维则被认为是第七大类营养素，这些营养素共同保障和促进身体的生长发育。

合理的营养摄入是人类健康的物质基础，而均衡膳食是实现合理营养的先决条件。大量的科学研究与健康实践已经证实，改善膳食结构、均衡膳食和增加运动量可以促进个人健康、增强国民体质，同时降低慢性病的发病风险。关于均

衡膳食的主要建议是摄入多种类食物，以谷类为主；保持健康体重，多吃蔬菜水果、奶制品和豆类；控制油、盐、糖的摄入量；戒烟限酒，适量摄入鱼、瘦肉、禽、蛋类食物。

　　近年来，我国居民的生活水平得到了极大的改善和提升，人们在解决温饱问题的基础上能够有条件摄入各种各样的营养素，因此营养不足的现象已经得到了很大的缓解，但由于我国膳食结构不合理的现象依然存在，由此引起的营养问题依旧突出。一方面，我国居民膳食结构不合理，谷类摄入不足，而动物类食物摄入过多，烹调油和食盐摄入量居高不下，进而引发肥胖等营养相关疾病以及高血压、糖尿病、心血管疾病等慢性病；另一方面，居民健康意识不足，营养知识匮乏，无法有效地预防和阻止疾病的发生和发展。因此，应大力普及合理营养、均衡膳食的理念和健康知识，在儿童青少年阶段就应学习营养的知识，这对提高居民健康水平具有重要的现实意义。

第二章 练出健康、练出自信
——儿童青少年科学运动跟我练

第一节 儿童青少年身体素质发展特点

身体素质是人体在运动中所表现出的各种身体能力。身体素质是衡量体质状况的重要标志，包括力量、速度、耐力、灵敏性、柔韧性和协调性等。

青春期是人体迅速生长发育的关键时期，同时也是各项身体素质发展的敏感期，力量、速度、耐力、灵敏性、柔韧性与协调性等都有一定程度的飞跃。研究表明，绝大部分儿童青少年并没有达到健康的身体素质标准，运动方式大多照搬成人的训练方法。因此，根据儿童青少年的身体素质发展特点，为儿童青少年设计制订合适的运动方案是必不可少的。这既有利于增强儿童青少年的身体素质，为日后学习运动技能打下坚实的基础，又能预防运动损伤，形成一种积极的生活方式。

一、儿童青少年力量素质发展特点

力量素质是肌肉收缩时所表现出的一种能力，是人体神经肌肉系统在工作时克服或对抗阻力的能力。

力量素质的发展在不同时期有不同的特点。男性的一般力量素质发展的敏感期是12~14岁，女性的一般力量素质发展的敏感期是10~14岁。在此阶段，力量训练的强度不宜过大，要注重发展全身的肌肉力量。15~17岁是专项力量素质发展的敏感期，可以适当增大训练强度，着重发展与专项运动能力相关的肌肉力量。男性在进入青春期后，随着雄性激素分泌的增加，其力量素质的增幅比女性大得多。力量素质和肌肉生长有密切的关系，青春期的儿童青少年应加强有关肌肉力量的训练，这对肌肉力量的快速增长非常重要。

力量训练具有提高运动能力、改善身体成分以及降低运动损伤的发生率和缩短损伤后康复时间等益处。儿童青少年的软骨组织相对较多、骨组织内的水分和有机物较多，无机盐少，骨骼弹性好，不易折断但容易形变。因此，儿童青少年不可进行大强度运动。但随着肌肉的发育成熟，16岁以后，青少年可根据自身发育情况进行适宜的肌肉力量训练，训练强度要根据其自身特点而定。

儿童青少年应多做小负荷、克服自身体重的练习，如俯卧撑、仰卧起坐、反复下蹲等，这些练习可以使全身肌肉得到发展，增加肌肉中毛细血管和肌红蛋白的数量，提高骨骼肌运输氧和储存氧的能力。练习的形式应以动力性练习为主，少用或不用静力性练习，特别注意尽量避免憋气，以免胸膜腔内压的突然变化影响心脏的正常发育。

二、儿童青少年速度素质发展特点

速度素质是指人体快速运动的能力，包括反应速度、动作速度和位移速度。

儿童青少年速度素质的发展具有明显的年龄和性别特征。10~13岁儿童青少年的速度素质增长最快。男性在19岁、女性在13岁以前，速度素质随着年龄的增长而提高；之后速度素质增长趋于缓慢并逐渐稳定下来。反应速度在9~12岁增长明显加快，16~20岁出现第二次增长高峰。动作速度则是随着年龄增长不断提高，13~14岁时动作速度接近成人。男性与女性的最高移动速度在7~12岁时差别不大，13岁以后，男性逐渐超过女性。男性在18岁以后跑速有继续提高的趋势，女性在17岁后跑速提高的趋势减缓。

速度训练有助于提高儿童青少年神经系统的兴奋性，促进其生长发育。儿童时期应以发展反应速度的运动为主，随着年龄的增长增加运动的内容。由于移动速度的发展与力量、耐力等其他身体素质的发展有着密切的关系，因此，儿童青少年进行速度素质训练的同时应十分重视全面身体素质的训练。

三、儿童青少年耐力素质发展特点

耐力素质是指人体坚持长时间运动的能力。

儿童青少年耐力素质随着年龄增长而逐渐提高。通常来讲，男性在青春期中后期（14~16岁）耐力素质发展较为迅速；女性9岁左右时，耐力素质有明显的提高，12岁左右时耐力素质会进一步发展。

近年来，越来越多的儿童青少年运动训练从业人员开始注意儿童青少年的耐力素质发展，为儿童青少年设计了专门的练习计划，但这些练习大多直接采用了成人的运动训练方式，并不适合儿童青少年，对提高儿童青少年的耐力素质的作用有限，甚至有可能对儿童青少年的身体发展造成损害。

提高儿童青少年的耐力水平，我们不应将训练方法局限于长跑练习，可以选用活动性游戏，如球类运动、骑自行车、滑冰、登山和循环练习等。训练应结合儿童青少年所处的发展阶段和生长发育水平，运动强度不宜过高，练习和休息的比例为1∶1。随着年龄的增长，儿童青少年15岁以后可进行较大强度的运动。

儿童青少年耐力训练必须以有氧耐力运动为主。从生理上讲，儿童青少年的血红蛋白、肌红蛋白含量较成人少，无氧代谢能量储备不足，过早接触无氧耐力训练会严重影响其循环系统未来的功能和水平。

四、儿童青少年柔韧性发展特点

柔韧性是指人体关节的活动幅度以及肌肉、肌腱等软组织的伸展能力。

儿童青少年进行柔韧性练习较为容易，这是因为儿童青少年与成人相比关节面角度大、关节面的软骨厚、关节内外的韧带较松弛等。儿童青少年一般要在7岁以前开始进行柔韧性练习，以保证其在12岁以前柔韧性得到较好的发展。儿童青少年在13~16岁时生长发育较快，身高、体重明显增加，但柔韧性下降，骨骼承受能力较弱，要避免进行肢体和关节扭转角度过大的活动，16岁以后可逐渐提升柔韧性练习的难度与练习时间。

儿童青少年柔韧性练习，应多用缓慢与主动的训练形式。这是因为儿童青少年关节牢固性差，长时间用力挤压容易造成关节、韧带损伤和骨骼变形。发展柔韧性应与力量素质相结合，这样可避免或消除两者之间发展的不均衡性。柔韧性练习后要注意放松。柔韧性发展快，练习见效快，效果消失也快，需要经常进行练习。

五、儿童青少年灵敏性发展特点

灵敏性是指人体迅速改变体位、转换动作、变化身体姿势和方向的能力。它是在中枢神经系统的指挥下，将力量、速度、协调性、柔韧性等整体表现出来的一种身体素质。

神经系统是人体发育最早和最快的系统，儿童青少年具有发展灵敏性的优越条件。儿童青少年在7~12岁时具有良好的反应能力，在6~12岁时节奏感较好，在7~11岁时具有良好的空间定向能力，等等。这些都为发展灵敏性提供了良好的条件。

儿童青少年的灵敏性练习应安排在体力充沛、精神饱满的训练前半程，练习次数不宜过多，练习时间不宜过长。因为疲劳会造成力量和速度的下降，时间过长会使儿童青少年神经系统兴奋性下降、反应迟钝，不利于灵敏性的发展。

六、儿童青少年协调性发展特点

协调性是指综合人体各部分和各种器官去完成整体或局部动作的能力。协调性好，身体各部位就配合良好，动作就显得协调优美；协调性差，动作就显得生硬、别扭，缺乏美感。儿童青少年发展协调性，应从多方面进行综合练习，既要进行运动神经的反应练习，又要加强眼、手、脚之间以及身体各部位之间的动作协调性练习。

第二节 儿童青少年科学运动的基本原则及注意事项

一、儿童青少年科学运动的基本原则

科学运动是指在掌握一定的解剖学、生理学、心理学、体育保健及营养学相关知识的前提下，结合医学检查及自身情况，在合理的运动处方指导下，进行运动、增强体质的过程。

儿童青少年的运动要建立在科学运动原则的基础上，每个原则都有其特有的内容。遵循人体生理机能和活动能力变化规律，即人在不同年龄阶段，其运动能力及特点也有所不同。儿童青少年在青春期这个生长突增期，有着运动能力上升快、最高阶段延续时间短、承受急剧变化负荷的能力低的特点。同时，在儿童青少年发育的过程中，运动系统、呼吸系统、循环系统及神经系统都有其阶段性特点，应遵循以下原则制订有针对性的运动计划。

（一）了解儿童青少年的发育状态

儿童青少年正处于生长发育期，各系统大多没有发育成熟，因此运动时既要避免运动损伤和过度运动对身体生长发育的不利影响，又要给予机体一定的刺激。这需要医生或体育工作者对儿童青少年进行客观的身体评估，制订合理的运动方案，并根据情况随时调整。

（二）儿童青少年应进行身体素质的全面训练

人是一个有机整体，各部位及各器官是相互联系的，在运动时应考虑它们之间的关系。儿童青少年在生长发育期各器官及系统发育速度不同，呈不均衡状态，在制订运动计划时应合理搭配运动项目，做到身体素质的全面发展，防止身体发育不平衡。

（三）合理安排运动负荷

人体对运动负荷有一个缓慢的适应过程，运动负荷既要循序渐进，又要对机体产生足够大的刺激。只有使机体产生一系列的生理反应才会有运动效果，与此同时，机体在不断适应新刺激的过程中逐渐提高运动能力。

我们安排运动负荷应考虑儿童青少年在不同时期的运动系统、呼吸系统、循环系统及神经系统的特点，根据疲劳消除的情况，科学安排练习强度、次数、组数及间隔时间。

（四）合理进行营养补充

处于生长突增期的儿童青少年应保证其能量的摄入与利用处于动态平衡的状态，氮、维生素以及各微量元素应在正常范围内且实现摄入与排出的平衡，这样有利于儿童青少年的健康成长。运动对儿童青少年的生长发育有着不可忽视的作用，但不少儿童青少年运动后出现乏力、身体消瘦、身体发育迟缓或停滞、抵抗力下降等一系列症状。上述症状的出现主要是因为没有进行合理的营养补充。营养缺乏和补充不足会引起身体机能下降和疲劳加速。例如在进行长跑运动后，碳水化合物摄入量过低会很快引起能量供应不足，甚至出现低血糖现象。儿童青少年正处于生长发育时期，新陈代谢旺盛，能量消耗很大，各器官组织生长发育需要丰富的营养。因此，儿童青少年在运动后需要进行营养补充。营养虽然重要，但如果不注意方法，盲目补充，就会导致营养过剩，造成肥胖，这对儿童青少年的健康是不利的，对运动效果也有不利影响。因此，科学合理地进行营养补充对于巩固运动对生长发育的有利影响非常重要。

（五）保持身体及心理健康

科学合理的运动有利于促进心理健康，同时，健康的心理状态有利于提升儿童青少年运动的积极性和效果。儿童青少年的心智还未成熟，运动有助于调整青春期出现的心理问题。但是，儿童青少年也会因为在运动中面临的困境和挫折产生心理问题，所以在运动的过程中应注意儿童青少年的心理状态。

（六）设计个性化的运动计划

运动计划要突出个性化，这也是科学运动的重要原则之一。要根据儿童青少年的不同发育阶段、不同个体身体素质和机能特点，制订有针对性的运动计划。

（七）培养良好的生活习惯

良好的生活作息、饮食起居、个人爱好等有利于身体健康。儿童青少年时期是培养良好生活习惯的关键阶段，儿童青少年应该加强对科学运动知识和方法的学习，将运动融入生活习惯中，这不仅有利于儿童青少年的生长发育，也对维持其整个生命周期的健康水平有重要的作用。

二、儿童青少年科学运动的注意事项

儿童青少年是一个特殊的群体，我们既要通过科学运动促进其身体的生长发育，又要注意避免一些不恰当的运动方式对其身体带来的损害。儿童青少年在运动中应注意以下八个方面。

（一）养成正确的动作姿势

为预防儿童青少年的脊柱、胸廓、骨盆及下肢骨的变形，除在日常的生活和学习中要养成正确的姿势外，在进行运动时也要养成站、立、跑、跳的正确姿势，而且运动负荷不应超过身体负担能力，尤其不要进行静力性力量训练及长时间的站立和负重，并注意增加增强脊柱周围肌肉力量的运动，所使用的运动器材的大小、重量要符合儿童青少年的身体特点。

（二）确保身体各部分都参与运动

儿童青少年在进行非对称性运动项目如羽毛球、乒乓球、跳远时，或长时间处于比较固定的一种姿势的运动项目时，为确保其四肢发育均衡和脊柱形态正常，应注意进行针对身体各部分的全面运动，尤其是对侧肢体。

（三）注意运动对骨骼发育的影响

对于儿童青少年来说，在坚固的场地上反复进行跑跳练习或过多地进行从高处跳下的练习，会引起下肢骨过早骨化，骨盆发育畸形，从而影响骨骼正常发育。因此，儿童青少年在运动时不要过多进行以上活动，同时要掌握正确的运动方法。我们要多为儿童青少年安排户外运动，并在其膳食中补充充足的钙、磷等以促进骨骼正常发育。

（四）力量训练应循序渐进

儿童青少年在进行力量训练时，若长期负荷过大、次数过多、时间过长，会造成腿与足的变形及下肢骨过早骨化，影响身高增长。因此，儿童青少年不宜过早进行专项力量训练，但可采用一些动力性的对抗自身重量的练习或较轻的负重练习来发展肌肉力量。此外，儿童青少年的屈肌力量较伸肌力量强，因而要加强伸肌的力量训练，同时也要加强深层肌和小肌肉群的练习，以促进肌肉的协调发展。

（五）柔韧性训练应注意训练方式

儿童青少年在进行柔韧性练习时，应避免使用被动的长时间用力压的方式，以预防因疼痛引起的防御反射，以及关节、韧带损伤和骨骼变形。在发展关节柔韧性的同时，应注意发展关节周围肌肉的力量。

（六）运动要循序渐进，负荷不宜过大，时间不宜过长

因为儿童青少年的最大肺通气量、最大摄氧量都小于成人，所以要合理安排运动负荷，运动强度要循序渐进，要求不应过高过急。训练间歇时间应延长，间歇次数应增加，总的训练时间不宜过长。不宜过多进行长时间、负荷过大的力量训练和耐力训练。

（七）减少憋气动作，掌握科学的呼吸方法

儿童青少年不应做过多的憋气动作，它会加重心脏的负担。儿童青少年在运动时，要根据动作结构、节奏及用力情况等，逐渐掌握科学的呼吸方法，特别要加强呼吸深度的练习，养成良好的呼吸习惯。

（八）运动形式应多样

儿童青少年的神经系统发育尚不完全，大脑皮层的兴奋过程占优势，兴奋与抑制过程转变较快，精神不易集中，神经细胞耐力差，容易产生疲劳。因此，运动时不宜选择长时间单一动作的练习或长时间的重复练习。这种练习方式容易产生疲劳，进而造成运动损伤。

第三节　儿童青少年科学运动跟我练

一、增强肌肉力量跟我练

儿童青少年的肌肉中水分多，蛋白质、脂肪和无机盐少，收缩功能较弱，耐

力差，易疲劳。随着年龄增长，肌肉中的有机物增多、水分减少，肌肉重量不断增加，肌肉力量也相应增强。

儿童青少年肌肉的生长发育不均衡，躯干先于四肢，上肢先于下肢，大肌肉群先于小肌肉群。肌肉力量的逐年增长也是不均匀的，在生长突增期肌肉主要向纵向发展，长度增加较快，但仍落后于骨骼的增长，这时期肌肉力量和耐力都较差。生长突增期结束后，骨骼的增长减缓，肌肉横向发展相对较快，这时期肌纤维明显增粗，肌肉力量显著增强。

（一）运动对儿童青少年肌肉力量的影响

儿童青少年的力量素质在自然增强过程中，速度力量增强的幅度最小，这说明速度力量受遗传因素的影响更大。最大力量会随年龄的增长而增强，这是因为肌肉体积会随年龄增长而增大，除此之外，最大力量还受到环境与训练水平的影响，即通过训练最大力量可以有更大幅度的提高。相对力量受遗传因素的影响较大，受训练因素的影响比较小。为了避免力量训练对处于身高突增期内的儿童青少年的骨骼生长产生不利的影响，处于8～12岁年龄段的儿童青少年在进行力量训练时要避免大的负重。

（二）增强儿童青少年肌肉力量的训练方法

1. 上肢力量训练

（1）弹力带站姿推胸

① 动作要领（图1）：

双眼平视前方，双脚分开与肩同宽站立，躯干保持直立，腹部收紧；

将弹力带绕在身后，弹力带约在背部上方1/3处；

上臂外展，屈肘呈90度，双手握紧弹力带两端，拳心向下；

肩关节略往后收，呼气的同时双手向前推直至肘关节伸直；

吸气，缓慢回到开始姿势，重复该动作。

② 注意事项：

根据自己的力量大小选择合适的弹力带；动作过程缓慢，与呼吸节奏相配合。

（2）弹力带反向飞鸟

① 动作要领（图2）：

双眼平视前方，双脚分开与肩同宽站立，躯干保持直立，腹部收紧；

双臂向前伸直，双手握紧弹力带两端，拳心相对；

呼气的同时双手打开至双臂侧平举；

吸气，缓慢回到开始姿势，重复该动作。

② 注意事项：

根据自己的力量大小选择合适的弹力带；动作过程缓慢，与呼吸节奏相配合。

弹力带站姿推胸

图1　弹力带站姿推胸

弹力带反向飞鸟

图2　弹力带反向飞鸟

（3）弹力带俯身划船

①动作要领（图3）：

双脚前后分开站立，身体略向前倾，躯干挺直；

前脚踩住弹力带加以固定，双手握紧弹力带两端，双臂垂直向下、拳心相对；

肩膀略往后收，呼气的同时双手用力往后拉弹力带至手靠近腹部；

吸气，缓慢回到开始姿势，重复该动作。

②注意事项：

根据自己的力量大小选择合适的弹力带；动作过程缓慢，与呼吸节奏相配合。

弹力带俯身划船

图3　弹力带俯身划船

2.下肢力量训练

（1）箭步蹲

①动作要领（图4）：

双脚并拢，身体直立，双手叉腰，目视前方；

向前迈出一步，前腿屈膝下蹲，膝关节呈90度，保持躯干正直；

后腿膝关节同时弯曲向下，但不要触地；

起身后换另一条腿向前迈出，重复该动作，左右腿交替进行。

②注意事项：

躯干保持正直和稳定，不要乱晃；双手在身体两侧可各握住一个哑铃（或装满水的矿泉水瓶），适当增加负重。

箭步蹲

图4　箭步蹲

（2）蹲起跳

①动作要领（图5）：

双脚分开与肩同宽站立，双手十指交叉抱在脑后；

屈膝下蹲呈半蹲姿势，然后双腿快速蹬伸，使膝关节达到最大伸展幅度，垂直跳起；

落地时前脚掌着地，膝关节弯曲呈半蹲姿势，然后开始下一次起跳。

②注意事项：

跳起时双腿要伸直，尽力跳到最大高度；落地时注意缓冲。

蹲起跳

图5　蹲起跳

（3）弹力带站姿髋外展

①动作要领（图6）：

双脚分开站立，目视前方；

将弹力带对折套在右脚上，左脚踩住弹力带加以固定；

将身体重心放在左腿，左手拉住弹力带；

臀部和大腿发力，右脚拉动弹力带向外展；

缓慢回到开始姿势，然后再次外展；重复一定次数后换对侧腿进行练习。

②注意事项：

动作过程中保持稳定，不要晃动；调节左右脚之间弹力带长度，以选择适合自身力量的负荷。

弹力带站姿髋外展

图6　弹力带站姿髋外展

3.核心力量训练

（1）俄罗斯转体

①动作要领（图7）：

坐在垫子上，双手抱球放在胸前；

双脚离地，弯曲膝关节，尽量保持背部平直；

腰腹部收紧，呼气的同时肩部旋转带动身体转向一侧，然后吸气回正；

向另一侧转体，两侧交替进行。

②注意事项：

上半身要充分旋转，不要只转动手而身体不发生转动；如果感觉难度大，可以将脚放在地上练习简易动作，熟练后再练习标准动作。

图7 俄罗斯转体

（2）平板支撑

①动作要领（图8）：

俯卧在垫子上，双肘弯曲支撑身体，脚尖撑地；

身体离开地面，躯干伸直，头部、肩部、髋部和踝部保持在一条直线上；

腰腹部、背部及腿部肌肉收紧，盆底肌收紧，眼睛看向地面，均匀呼吸，保持此动作一定的时间。

②注意事项：

头部、肩部、髋部、踝部在一条直线上，不能有部位过低或过高；双腿自然伸直，膝关节不能弯曲。

平板支撑

图8　平板支撑

（3）仰卧踩单车

①动作要领（图9）：

仰卧在垫子上，双臂伸直自然放于身体两侧；

保持双臂位置不变，屈髋抬起双腿，使其约与地面呈45度，一侧腿屈髋屈膝使大腿靠向腹部；

屈膝腿蹬直回到与地面呈45度的位置，同时另一侧腿屈髋屈膝使大腿靠向腹部，双腿交替进行。

②注意事项：

在动作过程中注意收紧腹部，避免身体左右晃动。

仰卧踩单车

图9　仰卧踩单车

二、提高速度素质跟我练

（一）运动对儿童青少年速度素质的影响

速度素质包括反应速度、动作速度和位移速度。一般来说，儿童青少年速度素质发展的敏感期是7～12岁，抓住这一阶段对儿童青少年进行科学的训练，有利于提高其速度素质。

反应速度的发育较早。神经生理学研究结果显示，人的反应速度在很大程度上是由遗传因素决定的。注意力的集中和对信号反应的动作熟练程度也会影响反应速度，所以，后天训练仍是必要的，这对提高反应速度很关键。儿童青少年的反应速度在9～12岁时提高最为显著，应抓紧这个时期进行有针对性的训练。动作速度和位移速度的提高主要依靠后天训练。速度的提高与动作频率有着密切的联系。儿童从7岁起步频有较快的自然增长，13岁后下降，故7～13岁是训练动作频率的敏感期，在此阶段可对儿童青少年进行提高步频的训练。

（二）提高儿童青少年速度的训练方法

1.双脚侧向跳

①动作要领（图10）：

双手叉腰，躯干稍向前屈，重心前移；

腹部收紧，双脚同时向左或向右跳动，幅度不宜过大；

落地时脚掌先着地。

②注意事项：

跳动的速度由慢到快，量力而为；结束后不要立即停止，可用碎步跑的形式逐渐过渡至动作结束。

图10 双脚侧向跳

双脚侧向跳

2.双脚十字跳

①动作要领（图11）：

用胶带在地上粘贴出"十"字或用粉笔画出"十"字，分为A、B、C、D四个区域；

双脚并拢站在A区，双手叉腰；

按A、B、C、D的顺序，逐次跳到各个区域。

②注意事项：

跳动的速度由慢到快，尽量不要踩线；避免身体晃动。

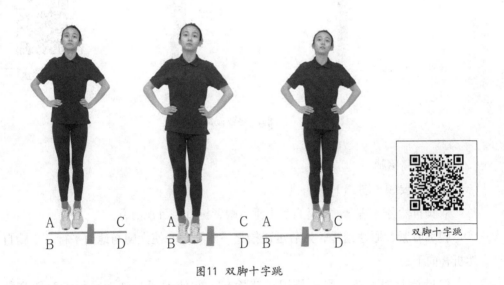

图11　双脚十字跳

3. 垫步踢腿

①动作要领（图12）：

双脚自然分开站立，双臂自然下垂，腰背挺直，目视前方；

腹部收紧，双脚先小幅跳动，然后一侧腿向前踢出并尽量抬高，对侧手伸出做触碰踢出腿的脚尖的动作；

踢出腿收回的同时做垫步跳动作，然后另一侧腿踢出，同样用对侧手做触碰踢出腿的脚尖的动作，双侧交替进行。

②注意事项：

跳动的速度由慢到快，尽量避免身体晃动；支撑腿尽量不要弯曲。

图12 垫步踢腿

4.原地高抬腿

①动作要领（图13）：

双脚自然分开站立，双臂自然下垂，腰背挺直，目视前方；

腹部收紧，原地踏步，然后迅速抬起一侧腿，并使大腿与地面平行，小腿自然折叠向下；

然后抬起腿下落，另一侧腿迅速抬起，并使大腿与地面平行，双腿交替进行。

②注意事项：

双臂配合高抬腿动作有节奏地摆动；保持躯干正直，重心不要后移，落地时前脚掌着地。

原地高抬腿

图13　原地高抬腿

5.转髋抬腿跳

①动作要领（图14）：

双脚自然分开站立，双臂自然下垂，腰背挺直，目视前方；

腹部收紧，原地垫步跳，然后一侧腿迅速抬起，同时用对侧肘部做触碰抬起腿的膝部的动作；

然后抬起腿下落，另一侧腿迅速抬起，重复以上动作。

②注意事项：

保持躯干正直，不要左右晃动；落地时前脚掌着地，注意缓冲。

转髋抬腿跳

图14　转髋抬腿跳

6.模拟蹬地跑

①动作要领（图15）：

双脚前后分开站立，身体前倾，双手推墙或扶住固定物，目视前方；

腹部收紧，双脚交替蹬地并抬起，做跑步动作，双臂保持伸直。

②注意事项：

落地时前脚掌着地，注意缓冲；动作速度由慢到快，量力而为。

模拟蹬地跑

图15 模拟蹬地跑

三、提高耐力跟我练

（一）运动对儿童青少年耐力的影响

耐力素质包括有氧耐力和无氧耐力。

男性有氧耐力发展的敏感期为10～17岁，女性为9～14岁及16～17岁。以提高心肺功能和整体健康为目的的有氧练习，其强度较小，可以较早进行，在青春期应着重发展。如果是以提高专项耐力为目的的大强度训练，就必须等儿童青少年年纪稍大后再进行。

儿童青少年的无氧耐力发展的敏感期，男性为10～20岁，女性为9～18岁。由于儿童青少年的无氧糖酵解能力和无氧代谢能量储备不及成人，这限制了儿童青少年速度耐力练习的适应能力。一般来说，儿童青少年在青春期后进行无氧耐力训练更为合理。

因此，一般认为儿童青少年从8岁起可以进行有氧耐力的训练，多利用慢跑的方法进行提高心肺功能的适应性练习；11～12岁时以有氧耐力训练为主，改善氧气输送系统和肌肉代谢系统的功能；15～16岁时可逐渐增多无氧耐力训练；16～17岁时可进行大强度的有氧及无氧耐力训练。

（二）提高儿童青少年耐力的训练方法

1.小步跑
①动作要领（图16）：

以起跑姿势站立，上身稍向前倾；

双脚交替抬起，原地跑动，双臂前后摆动；

脚步节奏由慢变快，至最快速度后尽可能保持几秒再减速。

②注意事项：

跑动时以前脚掌着地，合理控制动作频率，量力而为。

小步跑

图16 小步跑

2.振臂跳
①动作要领（图17）：

双脚分开站立，躯干保持正直，双臂自然垂于身体两侧；

腹部收紧，一侧腿迅速屈髋屈膝，使大腿与地面平行，同时对侧手臂伸直并举过头顶；

重心稍向前移，抬起的腿下落，前脚掌着地，支撑侧的脚蹬地并迅速抬腿，同时换另一手臂上举。交替完成以上动作，动作过程中可随跳动转向。

②注意事项：

动作过程中要保持躯干正直，身体不要左右晃动；动作频率由慢到快，量力而行。

振臂跳

图17 振臂跳

3.开合跳

①动作要领（图18）：

双脚并拢站立，躯干保持正直，双手自然下垂放于身体两侧，目视前方；

向上跳起的同时双腿迅速外展，双臂经身体两侧向上伸展至头部上方后击掌；

再次向上跳起时双脚迅速并拢，同时双臂还原到身体两侧，重复以上动作。

②注意事项：

膝部有伤未愈或过于肥胖者，应慎做此动作；初学者可降低难度，如起跳时双臂改为扩胸动作或于身体正前方击掌。

图18　开合跳

4.跪姿俯卧撑

①动作要领（图19）：

双手分开略宽于肩，撑地，目视地面；

膝关节弯曲呈跪姿，双脚离开地面，头部、肩部、臀部及大腿成一条直线；

吸气，屈肘俯身至上臂与地面平行；

呼气，缓慢回到开始姿势。

②注意事项：

注意保持腹部收紧，头部、肩部、臀部及大腿成一条直线。

跪姿俯卧撑

图19　跪姿俯卧撑

5.双脚前后跳

①动作要领（图20）：

双脚自然分开站立在平地上，躯干稍向前屈，背部挺直；

稍屈髋屈膝，双脚同时跳起，一前一后落地；

然后再次跳起，双脚交换位置，重复以上动作。

②注意事项：

注意保持腹部收紧。

双脚前后跳

图20 双脚前后跳

6.简式波比跳

①动作要领（图21）：

双脚并拢站立，双手放于身体两侧，目视前方；

下蹲，重心向前移，双手触地；

双手撑地，双脚向后跳至身体完全伸展，头部、背部、腿部成一条直线；

然后双脚跳回原位置呈下蹲姿势，双手保持触地；

迅速起身并向上跳起，双臂向上完全伸展；

落地后恢复开始姿势，重复以上动作。

②注意事项：

注意维持重心的稳定，落地时前脚掌着地，注意缓冲。

图21　简式波比跳

四、提高柔韧性跟我练

如果儿童青少年的柔韧性不足，会直接影响学习和掌握运动技能，尤其是难度较大的运动技能，同时会影响力量、速度、协调性等素质的发展，还容易造成运动损伤。

决定柔韧性的生理基础主要是运动器官的构造（包括关节的骨构造），关节周围组织的体积和韧带、肌腱、肌肉、皮肤的延展性。此外，还与支配肌肉的神经系统机能状态，特别是中枢神经协调肌肉的能力，以及调节肌肉收缩和放松的能力有关。

（一）运动对儿童青少年柔韧性的影响

儿童青少年阶段是个体发展柔韧性的最佳时机，此时开始系统训练对发展柔韧性极为有利，而年龄越大柔韧性越差。儿童青少年的关节面软骨相对较厚，关节囊及韧带的伸展性较大，关节周围的肌肉较细长，关节活动范围大于成人，牢固性相对较差，在外力作用下较容易脱位。个体在成年以后，如果经常坚持练习，已获得的柔韧性可长久保持。

儿童青少年进行柔韧性练习要注意以下三点。

1.柔韧性练习与热身活动相结合

柔韧性练习前应安排10分钟左右的热身活动，热身活动可以提高肌肉温度，降低肌肉黏滞性，提高其伸展性，避免肌肉拉伤。

2.柔韧性练习要循序渐进、量力而为

如果没有运动基础，在初期练习时注意动作幅度不要太大，尤其不能达到或超过自身的极限，应循序渐进，逐渐增大动作的幅度。此外，在柔韧性练习过程中动作幅度不能超过关节解剖结构所允许的范围，否则会造成关节损伤。

3.柔韧性练习要与力量训练相结合

柔韧性的提高要有一定的肌肉力量做基础，因此，在进行柔韧性练习时要匹配进行力量训练，肌肉力量的增加可对柔韧性的提高起到促进作用。

（二）提高儿童青少年柔韧性的训练方法

1.颈部四向牵拉

①动作要领（图22）：

双脚自然分开站立，腰背挺直，目视前方；

缓慢低头至下巴贴近胸口，颈后有牵拉感，保持该动作3~5秒，然后缓慢还原；

头后仰至最大幅度，保持该动作3~5秒，然后缓慢还原；

头左倾至最大幅度，保持该动作3~5秒，然后缓慢还原；

头右倾至最大幅度，保持该动作3~5秒，然后缓慢还原。

②注意事项：

身体保持直立，不要晃动；动作要缓慢，幅度不宜过大。

2.双臂后拉伸

①动作要领（图23）：

双脚自然分开站立，双臂自然下垂或叉腰，腰背挺直，目视前方；

双手于背后反向相握，十指交叉，双臂缓慢向上抬起至最大幅度，保持该动作10~12秒，然后还原成开始姿势。

②注意事项：

注意保持身体挺直，双臂向上抬起时动作要慢，保持手臂伸直。

颈部四向牵拉

图22　颈部四向牵拉

双臂后拉伸

图23　双臂后拉伸

3.双臂上拉伸

①动作要领（图24）：

双脚自然分开站立，双臂自然下垂，腰背挺直，目视前方；

双手十指在胸前交叉，然后双臂逐渐向头顶上方移动并向外翻转掌心；

双手到达头顶上方后继续向上伸展，保持该动作10～12秒，然后还原成开始姿势。

②注意事项：

身体保持正直，双臂向上移动时动作要慢，到达头部上方后手臂要完全伸展。

双臂上拉伸

图24 双臂上拉伸

4.弓步牵拉

①动作要领（图25）：

双脚自然分开站立，双手放于身体两侧，目视前方；

左腿向前迈出一步并成弓步姿势，右腿向后伸直，脚跟稍离地；

腰背挺直，双手放在左腿膝部，髋部缓慢向前下方移动，保持该动作10～12秒；

还原成开始姿势后，换对侧腿练习。

②注意事项：

动作过程中保持腰背挺直，后腿伸直；髋部不要过度下移。

弓步牵拉
（以右腿为例）

图25 弓步牵拉

5.坐位牵拉

①动作要领（图26）：

坐在垫子上，躯干挺直，目视前方；

双腿外展打开，保持腿部伸直；

双手抓住右脚脚尖，同时胸部向右腿靠拢，保持该动作10～12秒；

还原成开始姿势后，换对侧腿练习。

②注意事项：

双腿打开幅度不宜过大；牵拉一侧的腿要保持伸直；不要低头，颈部和躯干
保持在一条直线上。

坐位牵拉

图26 坐位牵拉

6.侧向伸展

①动作要领（图27）：

双脚分开略宽于肩，身体直立，双臂自然下垂，腰背挺直，目视前方；

右臂向上伸直，身体向左侧屈，同时右臂贴于耳侧，掌心向左；

左臂沿腿部向下伸，当右侧躯干肌肉有拉伸感时保持该动作3～5秒，然后恢复开始姿势。两侧交替进行。

②注意事项：

侧屈时动作要慢；侧屈方向对侧的手臂要保持伸直；腿部尽量保持伸直。

侧向伸展

图27　侧向伸展

五、增加身高跟我练

儿童青少年身高的增长是骨骼发育的表现，女性身高突增期为10～12岁，男性为12～14岁。儿童青少年骨骼的软骨成分、水分和有机物较多，无机盐较少，富有弹性但坚固性不足，不易完全骨折但易变形。随着年龄增长，骨骼中的无机盐增多，水分减少，坚固性增强而柔韧性下降，直到20～25岁骨化完成后，骨骼不再生长，身高也不再生长。

（一）运动对儿童青少年身高的影响

增高需要营养元素摄入和支出的正平衡，同时也需要适宜的运动刺激。儿童青少年增高离不开规律的运动，但是一定要注意运动的科学性。负重过大的运动会使骨化过程提前结束甚至导致骺软骨损伤，这会严重影响儿童青少年身高的增长。在儿童青少年的生长发育过程中，尤其是身高增长的敏感期，适当的运动显得尤为重要。儿童青少年在运动时应多采用伸长肢体的练习及弹跳和支撑自身重量的力量训练，不应采用长时间、大强度的力量训练。

（二）促进儿童青少年增高的训练方法

无论是学校体育课，还是课外运动，儿童青少年都可以开展走、跑、跳的练习或一些游戏来促进身高的增长。克服自身重力的活动对骨的增长来说属于较为适宜的刺激。此外，排球、篮球、足球、芭蕾、健美操、伸展体操、慢跑、摸高等运动也有助于身高的增长。儿童青少年经常进行上述运动有助于生长激素等有利于增高的激素的分泌，同时对骺软骨的增殖有良好的促进作用。

下面是有助于儿童青少年增高的练习或游戏。

1.伸臂跳

①动作要领（图28）：

双脚分开与肩同宽站立；

伸臂跳

图28　伸臂跳

快速下蹲至半蹲姿势后快速起跳，下蹲时双臂微微后摆，起跳时双臂完全向上伸展，同时带动身体伸展；

落地时屈膝缓冲，还原成半蹲姿势，然后开始下一次起跳。

②注意事项：

起跳后要尽可能地达到最高；起跳后双腿、双臂完全伸展，落地后快速收回。

2.屈髋外展跳

①动作要领（图29）：

双脚自然分开站立，双手叉腰，目视前方；

双脚有节奏地小幅度跳跃，右腿向前屈膝屈髋，然后向右侧外展髋关节；

换至左腿，重复以上动作，双腿交替进行。

②注意事项：

注意节奏，动作要到位；外展时保持身体直立，不要晃动。

屈髋外展跳

图29 屈髋外展跳

3.跳绳

①动作要领（图30）：

身体自然站立，双脚稍分开，目视前方；

上臂稍外旋，肘部稍屈，手腕发力摇绳；

绳子下落到低点时用前脚掌发力向上跳起，落地时用前脚掌着地，同时膝微屈，身体保持直立。

②注意事项：

选择适合自己身高的绳子；不要用全脚掌或脚跟着地；摇绳时要用手腕发力，而不是用手臂发力。

跳绳

图30　跳绳

除了以上运动方式外，儿童青少年还可以多参与一些游戏，增加体力活动，刺激骨骼生长。

竹竿舞：两人持两根长竹竿，有节奏地一分一合，一人或多人配合节拍跳进跳出；也可编成韵律操，节奏要有快慢交替的变化。游戏中拿竹竿的人需注意把握节奏，且不可过于用力，防止夹伤他人。

跳皮筋：两人拉一根或两根橡皮筋，也可以把橡皮筋绑在树上，按照规则轮流完成规定的动作。橡皮筋的高度可从脚踝逐渐升高，逐渐增加难度。

跳"房子"：用粉笔在地上画出连在一起的格子，格子可以画成长方形、正方形，也可以两种形状的格子结合，组合成"房子"的形状；跳"房子"时，将一个石块（沙包）放在第一格外，抬起一只脚用支撑脚将石块（沙包）轻轻踢进第一格内，然后单脚跳进第一格内，再用支撑脚将石块（沙包）踢进第二格，以此类推，直至将石块（沙包）踢过全部格子。

六、运动减脂跟我练

（一）肥胖对儿童青少年的危害

肥胖是由遗传、营养过剩、缺乏运动等多种因素引起的慢性能量代谢障碍的症状。肥胖症的发病过程是能量以脂肪的形式逐渐积存于体内的过程，这是能量的摄入长期大于消耗的结果。肥胖发生后，体内脂肪增加的程度、分布的特点以及相伴随的健康状况的改变，有很大的个体差异。家长通常认为儿童青少年在青春发育期要"多吃多睡"，一不小心就使他们摄入了过多的热量，再加上有的儿童青少年不爱运动，体力活动不足，这些使肥胖在儿童青少年中的发病率居高不下。

随着生活水平的提高，超重和肥胖的儿童青少年越来越多，这对于正处于生长发育关键阶段的儿童青少年有很多不利影响。肥胖作为导致死亡的十大危险因素之一，对人的生理功能有很多危害。对于正在发育期的儿童青少年而言，体重过大易引发骨关节损伤、心脏负担增加、免疫和内分泌功能紊乱等不良现象，严重的甚至会导致月经初潮推迟或消失、雄性激素分泌障碍等问题。更重要的是，肥胖是导致过早死亡和很多慢性疾病的主要风险因素，在儿童青少年时期如果没有得到良好的控制，可导致严重的健康问题。超重和肥胖的儿童青少年易早熟，体重、腰围、臀围等发育形态指标明显高于正常同龄人。此外，超重和肥胖使儿童青少年身体机能下降，收缩压、舒张压、脉搏等指标和高血压患病率均显著高于正常同龄人，并且随肥胖程度的加重，高血压患病率逐渐增高。肥胖儿童青少年的心脏功能不及正常同龄人，储备能力较低，加上心脏的负担较重，患高血压的风险显著增加。不仅如此，超重和肥胖使儿童青少年的身体素质明显下降，如在50米跑、立定跳远、800米跑和1000米跑等速度、力量、耐力项目中，肥胖学生的成绩低于体重正常学生的成绩，身体素质及运动能力显著下降。

除了身体上的危害，在心理健康方面，肥胖给儿童青少年带来的影响也日益突出。有研究表明，单纯性肥胖儿童青少年随着肥胖程度的加重与年龄的增长，个性趋于内向，行为问题及社会回避现象增多，社会适应能力和社会交往能力下降，并逐渐产生自卑、抑郁、焦虑等心理问题。如不引起重视，肥胖儿童青少年的这些心理问题将产生更大的不良后果，这将严重影响他们日后的生存发展。

因此，对于肥胖儿童青少年及其家长来说，了解如何科学减脂十分重要。

（二）判断儿童青少年超重和肥胖的方法

判断儿童青少年超重和肥胖的指标有BMI和体脂率，下面将介绍用这两个指标判断超重和肥胖的方法。

1.采用BMI判断超重和肥胖

目前国际上普遍采用BMI作为超重和肥胖的筛查指标，计算方法为体重（千克）除以身高（米）的平方。对于儿童青少年来说，我们可参考中国肥胖问题工作组制定的中国学龄儿童青少年超重、肥胖筛查BMI分类标准（表2-1）。

表2-1　中国学龄儿童青少年超重、肥胖筛查BMI分类标准

年龄/岁	男超重	男肥胖	女超重	女肥胖
7	17.4	19.2	17.2	18.9
8	18.1	20.3	18.1	19.9
9	18.9	21.4	19.0	21.0
10	19.6	22.5	20.0	22.1
11	20.3	23.6	21.1	23.3
12	21.0	24.7	21.9	24.5
13	21.9	25.7	22.6	25.6
14	22.6	26.4	23.0	26.3
15	23.1	26.9	23.4	26.9
16	23.5	27.4	23.7	27.4
17	23.8	27.8	23.8	27.7
18	24.0	28.0	24.0	28.0

资料来源：中国肥胖问题工作组.中国学龄儿童青少年超重、肥胖筛查体重指数值分类标准［J］.中华流行病学杂志,2004,25（2）：97-102.

2.采用体脂率判断超重和肥胖

肥胖是由于脂肪的过度积累造成的，反映肥胖程度的最直观的指标是体脂率。在我国，一般认为成年男性体脂率的正常范围为10%～15%，体脂率超过25%为肥胖；女性体脂率的正常范围为20%～25%，体脂率超过30%为肥胖。我们可以通过体成分测试得到体内脂肪的重量，进而算出体脂率。我们通常使用生物电阻抗法来测试体成分，所用的设备为身体成分测试仪。在家庭中，也可选用体脂秤来测量体脂率。

（三）儿童青少年运动减脂的原则

儿童青少年运动减脂的训练强度安排必须遵循安全和有效的原则，训练必须严格执行规定的运动形式、强度、运动量及注意事项。随着年龄的增加、体质健康水平的逐渐提升，运动强度和运动量可有所提升。

人体生理机能的提高是一个渐进的过程。如果儿童青少年长时间保持一种运动强度，就只能维持原有的机能水平，不能逐步有效提高体质健康水平。突然一次大强度、长时间的超出儿童青少年能力范围的运动，可能导致其身体机能失调，使其身体受到伤害，还会造成儿童青少年对运动的抵触心理，影响儿童青少年身心健康的发展。超重和肥胖儿童青少年的运动干预应由易到难、由简到繁、由局部到全面。

此外，训练必须因人而异，不能千篇一律，我们应根据每个超重和肥胖儿童青少年的年龄、性别、肥胖程度、兴趣爱好和心理特点等条件制订运动干预计划，并随体质的提升而进行调整。为了全面发展身体机能，在制订运动计划时，我们必须考虑运动干预的内容、运动方法和对不同部位的运动效果等，针对练习目标和身体的薄弱部位有针对性地实施运动干预，从而使儿童青少年获得全面、有效的发展。同时，训练必须保证安全性和系统性，针对儿童青少年的身体条件进行长期、系统、连贯、有序的运动处方控制，以获得最佳的运动效果和减脂效果。

运动减脂通常以有氧运动为主，它是目前公认的最有效的运动减脂方式。对于儿童青少年来说，有氧运动除了可以减脂，还有利于呼吸系统及心血管系统的发育，有助于发展心肺耐力。儿童青少年在进行有氧运动时还要适当进行力量训练，以增加肌肉的围度，增强肌肉力量。肌肉作为机体能量代谢的重要器官和运动中耗能的"主力军"，提高肌肉的机能对运动减脂来说意义重大。对于儿童青少年来说，过度的力量训练确实有导致骨化过程提早完成和骺软骨损伤的风险，会影响骨的生长发育。但是，机体需要受到足够的刺激才能促进生长激素的分泌，进而促进骨骼生长。因此，适当的力量训练其实是有益的。它不仅可以促进骨骼发育，也可以使处于生长激素分泌旺盛时期的儿童青少年更好更快地发展肌肉力量。

通过有氧运动进行减脂时可按照以下原则制订训练方案。

运动形式：健身操、跑步、游泳、骑自行车等。

运动强度：以中等强度运动为主，等儿童青少年逐渐适应后，根据其身体情况在中等强度运动中穿插高强度运动。

运动时间：在开始阶段，推荐儿童青少年每次进行至少30分钟的运动，根据运动适应情况适当增加每次的运动时间。

运动频率：在开始阶段，每周运动不少于3天（次），在儿童青少年适应每周的运动量后，可以适当增加运动频率，最好每天都参加运动。

注意事项：运动减脂的训练安排要循序渐进，不宜盲目进行大运动量训练。超重和肥胖的儿童青少年体重较大，运动前要做好热身活动，以避免运动损伤。

（四）儿童青少年运动减脂的训练方法

儿童青少年不要盲目选择减脂的方法。很多减脂方法都存在弊端，如：节食减脂不易坚持，容易引起营养不良和厌食症；药物减脂副作用大，易反弹，还会引起内分泌失调，危害儿童青少年的生长发育；手术减脂风险高，易反弹。相比之下，科学的运动减脂不易反弹，还可以增强体质，有益身心健康。为实现减脂，常用的有氧运动方法有以下四种。

1.健步走

①动作要领：

双脚自然分开站立，双臂自然放于身体两侧，挺胸抬头，目视前方；

自然摆臂大步走，身体保持正直，步子要大，速度要快；

重心前移，置于所迈出的腿上，避免身体后仰或左右晃动。

②注意事项：

穿着合适的具备较好缓冲作用的运动鞋；身体一定要挺直，不能弯腰、驼背。

2.慢跑

①动作要领：

呈起跑姿势站立，躯干稍向前屈，目视前方；

一条腿向后蹬，另一条腿屈膝前摆，依靠大腿的前摆动作，带动髋部向前上方摆出；

脚跟先着地，然后迅速过渡到前脚掌着地，双手半握拳，双臂配合跑步节奏自然摆动。

②注意事项：

注意调整呼吸节奏，用鼻子吸气、嘴呼气，跑步速度要相对稳定，避免出现岔气；动作要自然放松，循序渐进地提升强度。

3.骑自行车

①动作要领：

检查自行车的车况，确保安全，适当做好防护，如佩戴头盔、护膝等；

根据身高调整好车座的高度，骑车时上体稍前倾，腰部稍弯曲，躯干放松；

骑车时用力要均匀，注意观察路况。

②注意事项：

一定要确保安全，在规定的道路上骑车；注意力要集中；注意控制速度，以免发生危险。

4.爬楼梯

①动作要领：

选择在安全、无障碍的楼梯间进行运动，不要妨碍正常通行；

上楼梯时将脚交替抬起并用力向前上方迈出，双臂配合节奏自然摆动；

下楼梯时速度不可太快，身体不要前倾过多，谨防踩空和滑倒。

②注意事项：

上下楼梯时，上体保持自然直立，不要过于前倾；脚掌蹬地，保持自然呼吸。

第四节 科学运动习惯的养成

一、什么是运动习惯

从心理学角度来讲，习惯是由于重复或练习而巩固下来的成为需要的自动化的行为方式。习惯的形成以需要为基础，具有稳定性、后天性、自觉性和实践性的特点。运动习惯是特定的场景刺激和个体参与体育活动之间经过练习和重复而形成的稳固联系，是人们在后天不断的身体活动实践中，逐渐形成的比较稳定的行为倾向。养成运动习惯的人能够认识到运动的重要性，根据自己的身体情况和需要选择合适的运动项目，掌握一定的运动原理和方法，并能够比较准确地评判自己运动后的身体情况。

　　社会、历史对男性和女性角色定位不同，直接导致了男性和女性在参与运动行为上的差异。从历史上看，男性比女性运动更多，尽管这种差距在近代已经明显缩小，但在运动行为模式上的性别差异仍旧存在。加拿大、美国、苏格兰等地都呈现男性比女性更喜欢运动的趋势。这种情况在各国儿童青少年中同样存在，加拿大的5～12岁的男性中有54%达到了国家运动要求，而女性只有43%，这一性别差异到了青少年阶段更加显著，52%的男性运动充分，而女性仅为36%。有研究显示，河南省中学生中有36.3%的学生对体育兴趣一般，35.1%的学生对体育兴趣较低，其中女性的比例比男性高。还有研究显示，父母的受教育水平也会影响儿童青少年的运动习惯。调查结果表明，父母没有完成高中学业的儿童青少年中仅有50%重视运动习惯的养成。而这一比例在父母完成高中学业的儿童青少年中为54%，在父母完成大学学业的儿童青少年中为68%。

二、影响儿童青少年运动习惯养成的因素

　　培养规律运动的习惯是儿童青少年提高身体素质必不可少的途径，但运动习惯的养成过程受到诸多因素的影响，主要包括主观因素和客观因素两个方面。

　　从主观层面来说，首先，儿童青少年及其家长没有充分认识运动的重要性，存在对运动的误解，认为运动多了会影响学习；其次，运动兴趣不足已经成为阻碍儿童青少年养成运动习惯的重要原因，相比各式各样的网络游戏，运动会出力、出汗，甚至还可能受伤，他们很难对运动提起兴趣；最后，运动的健康效益往往具有滞后性，不可能"立竿见影"，加上认识上的偏差，很多儿童青少年及其家长都认为身体素质好就不需要参与运动。

　　从客观层面来说，首先，儿童青少年所处环境的运动条件和体育氛围对儿童青少年运动习惯的养成有重要作用，学校是儿童青少年的主要活动场所，学校的运动场所和器械的状况、体育教师的素质、体育社团的开展情况等往往影响着儿童青少年运动习惯的养成；其次，运动习惯的养成还与家庭的运动氛围密切相关，家长对运动的认识和态度都会对儿童青少年产生影响，家长有较好的运动习惯，儿童青少年会在潜移默化之下养成良好的运动习惯；最后，课外运动缺乏科学指导、居住社区附近没有便利的运动场所、缺少一起运动的同伴等客观因素也会阻碍儿童青少年运动习惯的养成。

三、儿童青少年运动习惯养成方法

（一）寻找运动的乐趣

儿童青少年要接触不同的运动项目，从中建立对运动的兴趣。兴趣的建立包括与小伙伴一起运动，互相鼓励，一起克服困难；尝试学习一项新的运动，迎接新的挑战；循序渐进并学会运动后放松；不要一直进行同一种运动，不同的运动交替进行效果会更好。

（二）学会制订运动计划

根据自己的实际情况，像制订学习计划一样制订比较现实、可能达成的运动计划。首先可以制定一个可实现的短期目标，这样容易达成目标，提升儿童青少年坚持运动的自信；其次，做好运动记录，从第一次运动时开始记录运动数据，以周或者月为周期做数据图表来呈现自己运动的成果并激励自己朝着新目标努力。

（三）将运动融入日常生活中

儿童青少年应把运动作为日常生活中的必要事项，甚至优先事项；选择一个适合当前生活日程的运动，越方便就越有可能坚持下去。建立日常的运动方案，一旦选择了运动的时间和地点，就坚持做下去，将它添加到日程计划中，这样有利于运动习惯的养成。

（四）家长要以身作则

家长是孩子最好的老师，也是孩子最早的老师。儿童青少年的模仿能力非常强，尤其是在年龄尚小的时候，大多数行为和习惯都是在家长的影响下形成的。因此，家长们一定要敦促自己运动起来，自己先要养成定期运动的习惯，在一个充满运动氛围的家庭中，孩子也会潜移默化地受到影响，从而爱上运动、参与运动。家长还要多注意儿童青少年在运动中的情绪变化，及时给予鼓励或积极的引导以保证儿童青少年坚持下去。

（五）组织家庭体育活动

推荐以家庭为单位进行集体运动。家庭体育活动不仅能强身健体，还能建立良好的亲子关系。一家人一起散步、徒步旅行或骑自行车等，可以让每个家庭成员都享受运动的激情和乐趣，也可以一起克服困难。此外，家长在组织家庭体育活动时要尽可能让儿童青少年接触体育场地、器材和体育赛事，让他们有更多机会近距离体验运动乃至比赛的乐趣。

（六）加强运动健康教育

学校老师要在体育课、健康课或相关课程中给儿童青少年传授运动科学等方面的知识，丰富儿童青少年的体育知识，助力儿童青少年开展课外运动。除了运动会外，学校也可以定期开展各种体育比赛，直接帮助儿童青少年有组织地开展课外运动，激发其运动热情。

（七）丰富体育课内容

体育教师应充分考虑体育课教学内容与教学方法的针对性，在有限的体育课时间里，既要充分讲解和示范体育动作，也要让儿童青少年有更多的时间参与运动。体育教师可以通过改变体育课的活动形式，增加儿童青少年进行中等强度和高强度运动的时间。体育教师还应强化儿童青少年参与运动的兴趣，运动兴趣直接影响运动习惯的形成。

体育教师除了改善体育课内容和教学手段之外，还需要在教学过程中考虑学生的情绪，使儿童青少年在体验运动的同时获得较好的情感体验。

第三章　合理饮食、吃出健康
——儿童青少年均衡膳食跟我吃

第一节　营养素

在本节中，我们将会对基本的营养知识进行介绍，并针对儿童青少年的均衡膳食及运动营养进行科学指导。

一、膳食与营养的概念

随着生活水平的提高，市场中食物种类极大丰富，大街上各色餐馆比比皆是，我们在食物上的选择也越来越多。

膳食是指人们日常食用或饮用的食物（包括饮料）。膳食最主要的作用就是供给我们身体所需的营养，那么，究竟什么才是营养呢？很多人认为吃得多、吃得好就是营养，其实不然。营养是一个非常系统的概念，它指人体从外界环境摄取食物，经过消化、吸收和代谢，利用其有益物质，供给能量，构成和更新身体组织，以及调节生理功能的全过程。从概念来看，营养不仅仅指把食物吃进去，还包括消化、吸收和利用等各个环节。

面对物质的极大丰富，很多人在吃的问题上犯了难，不知道吃什么、怎么吃才能有利于身体健康，尤其是对于儿童青少年来说，他们本身掌握的营养知识有限，加之在选择食物时更倾向于按自己的喜好挑选，如果不能及时被引导和纠正，容易养成挑食、偏食的不良习惯，严重时还会导致营养不良或营养过剩。为了对各类人群的健康饮食进行研究和指导，营养学应运而生，它是专门研究人体营养规律及改善措施的科学，包括基础营养、食物营养、人群营养、公共营养、临床营养等。

二、儿童青少年需要的营养素

营养素是指食物中具有特定生理作用，能够维持机体生长、发育、活动、生殖以及正常代谢所需的物质。营养素的功能各有不同，具体可分为六大类：碳水化合物、脂类、蛋白质、维生素、矿物质和水；此外，膳食纤维被认为是第七大类营养素。按照对营养素的需求量，我们可将营养素分为宏量营养素和微量营养素。其中，宏量营养素是指人体内含量及需要量相对较多的营养素，主要包括碳水化合物、脂类、蛋白质；而微量营养素是指人体内含量及需要量相对较少的营养素，主要指维生素和矿物质。不同食物所含有的营养素种类及含量都不同，我们的身体正是利用这些营养素来构建各种细胞、组织，以及维持新陈代谢和其他生命活动的。

（一）碳水化合物

碳水化合物由碳、氢、氧三种元素组成，是提供能量的重要营养素。在人体内的碳水化合物有不同的种类，每一种都在人体内有不同的功能。碳水化合物包括简单碳水化合物（单糖、双糖）、复杂碳水化合物（低聚糖、可消化多糖和不可消化多糖）以及其他类碳水化合物。其中常见的单糖主要有葡萄糖、果糖和半乳糖，双糖主要有蔗糖、麦芽糖和乳糖，纤维素、果胶、树胶等都是不可消化的多糖。

碳水化合物来自我们日常饮食中的米饭、馒头等以淀粉为主要成分的食物。其主要功能是提供能量，为骨骼肌运动提供"燃料"，并且能够以膳食纤维的形式控制胆固醇和脂肪摄入量，帮助消化，促进营养物质和水的吸收。碳水化合物是细胞结构的主要成分及人体的主要供能物质，有调节细胞活动的重要生理功能。碳水化合物是人类获取能量最经济、最主要的来源，一般成人一天所需能量的一半以上来自碳水化合物，因此充足的碳水化合物不仅对保证充足的能量供给非常重要，对于保障均衡膳食、节约蛋白质等也有重要意义。

需要指出的是，糖和碳水化合物不能完全画等号。人们通常所说的糖是指有甜味的，如葡萄糖、蔗糖等相对简单的糖，而不包含淀粉和膳食纤维等相对复杂的糖。糖与碳水化合物均可用于指代糖类物质，但因为多糖、单糖等糖类都带着"糖"字，容易引起人们的误解，因此在营养学上，碳水化合物通常指代淀粉、膳食纤维等复杂的糖类物质，而糖，特别是膳食指南中建议严格控制摄入量的糖，特指添加到食品中的白砂糖、红糖等简单的糖类物质，而不包括食物中天然含有的，像淀粉这类的复杂的糖类物质。

葡萄糖是大脑的主要供能物质，过低的血糖（即葡萄糖）会导致疲劳甚至发生危险。谷物比蔗糖更易导致血糖的升高，这主要是由于谷物的主要成分是淀粉。淀粉的基本构成单位是葡萄糖。而蔗糖的构成成分含有果糖，其需要在肝脏中转化成葡萄糖，这降低了血糖反应的速率。高膳食纤维的食物血糖指数一般较低，但是会导致胀气。生长发育中的儿童青少年摄入的碳水化合物不仅要满足自身活动的能量需求，还要维持其正常的组织生长，因此充足的碳水化合物摄入对儿童青少年来说是必不可少的。

（二）脂类

脂类是我们日常饮食中常见的营养素之一，包括脂肪、磷脂和固醇类。脂类的特征是易溶于有机溶剂而不溶于水。脂类最常见的摄入形式是甘油三酯，它由三个脂肪酸分子和一个甘油分子组成。脂类形态多样，我们能够从食物中获得全部种类的脂类，并且还能够通过组合其他物质的碳单元来合成许多的脂类，包括磷脂、甘油三酯与油类以及胆固醇等。

脂类饱和度是指其碳链上所具有的双键的数量，脂类物质通常具有不同的饱和度。没有双键的脂肪酸是饱和的；具有一个双键的脂肪酸为单不饱和脂肪酸，含有多个双键的脂肪酸为多不饱和脂肪酸。不饱和脂肪酸含有的双键越多，其参与化学反应的机会越多。饱和脂肪酸通常存在于动物性脂肪、棕榈仁油与椰子油中，而单不饱和脂肪酸主要存在于橄榄油和菜籽油中，多不饱和脂肪酸主要存在于植物油中。其中饱和脂肪酸与高胆固醇水平有关，需要限制摄入。亚油酸与亚麻酸是人体中两种重要的必需脂肪酸，人体自身无法合成。这两种脂肪酸都可以从植物油（玉米油、红花籽油、菜籽油）中获得。

一定数量的脂肪摄入是确保充足的能量摄入与营养素摄入所必需的。其中脂溶性维生素（维生素A、维生素D、维生素E、维生素K，维生素A又称"视黄醇"）必须借助脂肪才能够供给机体。在饮食过程中，机体通常需要摄入一些脂肪来形成饱腹感，并且产生重要的生理信号，即该停止进食了。通常来说，脂肪比碳水化合物有更长的排空时间，有助于我们产生饱腹感，还能够使食物更加鲜美。

需注意，部分食物中含有反式脂肪酸。反式脂肪酸是一大类含有反式双键的脂肪酸的简称。许多流行病学调查或动物实验研究了反式脂肪酸可能引起的各种危害，广泛认为其对心血管健康具有较大危害。世界卫生组织基于它对心血管健康的影响，提出建议：每天来自反式脂肪酸的热量不超过食物总热量的1%（大致相当于2克反式脂肪酸所能提供的热量）。食物中的反式脂肪酸大多由植物油氢化形成，少量存在于牛、羊等动物的脂肪中。

脂肪的能量密度较大，是人体重要的能量来源。儿童青少年需要能量以维持生长发育，而适量摄入脂肪能够为其提供充足的能量。在特殊情况下，若需完全限制儿童青少年脂肪的摄入，就需要增加饮食量或频次，否则严重时可能导致因能量摄入不足而引起的营养不良。

（三）蛋白质

蛋白质由碳、氢、氧、氮等元素组成。蛋白质在进入机体之后被消化分解成氨基酸，这些氨基酸结合体内分解的其他物质形成氨基酸代谢库，人体的组织从氨基酸代谢库中获取氨基酸，之后合成自身需要的特定的蛋白质，比如肌肉、激素等。此外，当碳水化合物和脂肪不能满足能量需要的时候，氨基酸代谢库还能够提供能量。

肝脏是合成蛋白质的重要的加工场所，不断地调节着人体对蛋白质的需求，并为满足各种需求而合成氨基酸与蛋白质。过多的蛋白质摄入会导致蛋白质参与能量供应的比例加大，但这对蛋白质来说是一种浪费，因为蛋白质的主要功能并不是供能，而是生成并且维持组织的正常功能以及合成必要的激素和酶。在蛋白质代谢过程中，需要将氨基酸链中的氨基去掉，这就需要将氨基转变为尿素由尿液排出体外，从而增加排尿量。因此摄入过多的蛋白质不仅会造成浪费，还会导致水分的流失。还有研究表明，高蛋白饮食会增加钙元素在尿液中的排放量，这对处于生长发育期的儿童青少年来说会有一定的影响。

蛋白质的主要功能包括提供能量生成反应所需要的碳源，其中，某些氨基酸可以转化成葡萄糖，代谢后提供能量，其他的氨基酸可以转化成脂肪储存起来，随后进行代谢并提供能量。蛋白质在控制血液与机体组织的液体量与渗透压方面有着重要作用，这是维持水平衡的重要的调控因素。此外，蛋白质在体液酸碱平衡中起到缓冲作用。同时，蛋白质也是抗体的主要成分，对于维持健康以及抵御外部病菌非常重要；很多酶是蛋白质，酶能够参与消化和其他生成所需化学终产物的细胞进程；蛋白质是心脏、肝脏、胰腺等器官和肌肉、骨骼的极其重要的组成成分；蛋白质是血液中"精明的物质搬运工"，能够发挥载体或者通道的作用，将有益物质准确送到受体的位置。例如，铁蛋白是运输铁的蛋白质。一些调节身体机能和生长发育的激素是蛋白质，如胰岛素。

（四）维生素

顾名思义，维生素就是维持生命的营养素，人体对维生素的需求量不大，但其对维持人体正常的生命活动非常重要。维生素是细胞所需的用来促进特定化学反应的物质。某些维生素（尤其是维生素B）甚至参与能量代谢反应，细胞通过这些能量代谢反应从碳水化合物、脂肪、蛋白质中获得能量。维生素分为水溶性维生素和脂溶性维生素两大类。除少量维生素（维生素D）人体可以合成外，绝大多数维生素都要从食物中获取。应当注意的是，机体自身具有储存维生素的能力，保持均衡膳食即可维持体内维生素的稳定。儿童青少年不能盲目地补充维生素，过量补充维生素（尤其是脂溶性维生素）会对机体造成一定程度的伤害，因此要慎用维生素补充剂。

1.水溶性维生素

水溶性维生素包括B族维生素（维生素B_1、维生素B_2、维生素B_6、维生素B_{12}、叶酸、生物素、泛酸等）和维生素C。

其中，维生素B_1与能量代谢的关系密切。能量消耗越多，所需的维生素B_1就越多。此外，维生素B_1还与神经冲动传导及心肌正常功能有关。儿童青少年处于生长发育阶段，所以对维生素B_1的需要量比较高。缺乏维生素B_1可能引起脚气病，还可能导致神经系统功能障碍，能量代谢速度减慢。维生素B_1主要存在于谷类外壳、豆类、坚果类及动物内脏中，因此，儿童青少年应注意粗粮的摄入。

维生素B_2主要的生理作用是参与生物氧化，这与能量代谢有关，此外它还参与机体的抗氧化作用。维生素B_2缺乏会导致口角炎、舌炎、皮炎等现象。维生素B_2主要存在于动物内脏、蛋类及豆类食物中，而植物性食物的含量比较低。基于维生素B_2存储能力较低的特点，在补充维生素B_2时应当遵循适量、长期的原则。

　　维生素B_6在肉类与动物内脏（特别是肝脏）中的含量最多，其他含有维生素B_6的食物主要有麦芽、鱼、家禽、豆类、香蕉、糙米、全谷物与蔬菜。这种维生素的功能与蛋白质的代谢联系密切，所以维生素B_6的需求量与蛋白质的摄入量有密切联系。维生素B_6除了通过帮助合成氨基酸（转氨基作用）而在蛋白质合成中起作用外，还可以通过参与氨基酸的分解（去氨基反应）过程，影响蛋白质的分解代谢。有研究表明，机体长期摄入维生素B_6不足会导致周围神经炎（手、脚、上肢与腿丧失神经功能），共济失调（失去平衡），烦躁，抑郁，抽搐。而过量使用维生素B_6补充剂则会有与维生素B_6缺乏同样的症状。儿童青少年处于生长发育阶段，其蛋白质的合成速率较快，摄入量也较多，所以对维生素B_6有一定的需要。

　　维生素B_{12}的缺乏通常会导致恶性贫血，以及疲劳、肌肉协调性差等。它的来源主要是动物性食物（肉类、鸡蛋、奶制品），植物性食物中基本不含维生素B_{12}。

　　叶酸广泛存在于食物中，肝脏、酵母、多叶蔬菜、水果和豆类等食物的叶酸含量较为丰富。叶酸在氨基酸代谢与核酸合成过程中发挥着重要作用，叶酸不足则会导致蛋白质合成的改变，更新较快的组织对其尤为敏感，如红细胞、白细胞、胃肠道组织与子宫。此外，叶酸缺乏也会导致巨幼红细胞性贫血，其症状为虚弱、容易疲劳、神经紊乱。儿童青少年身体生长发育快，体内的血液总量随着身高和体重增加而增加，从而需要合成较多的红细胞，因此需要摄入足够量的叶酸。

　　生物素的食物来源包括蛋黄、大豆、肝脏、沙丁鱼、核桃、花生与酵母等。生物素在常见的水果与肉类中含量较少，但可以由肠道内的细菌合成，所以生物素缺乏的症状很少见。生物素的主要功能是与镁和三磷酸腺苷共同作用于二氧化碳的代谢、葡萄糖的合成（糖异生）、糖代谢，以及糖原、脂肪酸与氨基酸的合成。

　　泛酸是辅酶A的结构成分，通过辅酶A参与碳水化合物、蛋白质与脂肪的代谢。其广泛存在于日常饮食中，所以一般不会发生缺乏现象。

　　维生素C具有比较强的抗氧化作用，与组织生长发育和修复有关，同时具有防止骨质脆弱和牙齿松动的作用。此外，维生素C还可以促进铁的吸收，维持机体的免疫功能，但是过多摄入维生素C可能会导致铁过载。而维生素C缺乏则会导致坏血病。儿童青少年处于生长发育期，维生素C的需要量较成人多，经常性的运动训练也导致机体氧化作用增强，进而使维生素C的消耗量增加。维生素C的主要食物来源是新鲜的蔬菜和水果，尤其是深色蔬菜。

2.脂溶性维生素

脂溶性维生素包括维生素A、维生素D、维生素E、维生素K。

其中，维生素A在肝脏、黄油、奶油和鱼肝油中都存在。维生素A的前体是β-胡萝卜素，它存在于深绿色和颜色鲜艳的水果和蔬菜中，能够维持表皮细胞的健康，维护眼睛健康和免疫系统健康。摄入充足的维生素A还有助于维持机体正常的免疫功能及骨代谢。维生素A的缺乏会引起人体暗适应能力下降、眼干燥症，以及免疫力下降等症状。儿童青少年可通过吃胡萝卜等补充胡萝卜素，但是过量的胡萝卜素会堆积在皮下脂肪，导致人的肤色发黄。

维生素D具有调节钙、磷代谢，维持血钙水平稳定的作用，同时，在促进骨骼和牙齿的生长发育方面也起到了重要的作用，此外，它还具有调节免疫功能的作用。如果儿童青少年的维生素D摄入量不足，则会发生佝偻病和骨质软化症。维生素D含量最丰富的食物是海鱼，此外，禽畜肝脏、蛋类、乳类也少量含有。儿童青少年可以通过食物直接摄入维生素D，也可以通过阳光照射增加皮肤内维生素D的合成。但是，维生素D是人类营养素中最具有潜在毒性的维生素，其过量会导致呕吐、腹泻、体重减轻、肾脏损伤、高血钙，甚至死亡。因此，儿童青少年要慎用维生素D补充剂。

维生素E为人类必需的营养素，具有很强的抗氧化作用，可以保护细胞膜、细胞骨架及细胞蛋白质免遭自由基的攻击，因此具有抗肿瘤、维护免疫系统功能的作用。维生素E缺乏会导致肌肉营养不良、神经系统功能异常、循环系统损害等症状。维生素E主要存在于各种植物油中，其中以豆油为最高。过量服用维生素E会引起恶心、呕吐、腹泻等胃肠道不良反应，因此需要控制总的摄入量。

维生素K存在于绿色多叶植物中，此外，谷物、肉类中也有少量的维生素K，其能够帮助合成凝血素，并能调节骨骼中碳酸钙的合成使骨骼更坚固。美国一项调查研究表明，儿童青少年很难获得充足的维生素K。因此，儿童青少年可注意摄入富含天然维生素K的食物。

（五）矿物质

人体中的矿物质又称无机盐，是人体内各类无机物的总称，是构成人体组织和维持正常生理功能必需的营养素。虽然人体中的矿物质总量很少，不到体重的5%，但它们在人体组织构成及维持正常生理功能方面有重要作用。根据人体的需求量，矿物质元素分为微量元素和宏量元素两大类。微量元素包括铁、铜、碘、锌、硒、锰、铬等元素，宏量元素包括钙、钾、钠、镁、磷、氯等元素。应当注意的是，人体无法自行合成矿物质元素，必须通过食物获取。

矿物质在人体中的功能多种多样，如强化骨骼结构，保持骨骼强壮并预防骨折；维持血液和组织的相对酸碱度；在引起肌肉活动的电脉冲过程中起桥梁作用；调节细胞代谢等。

钾的主要功能包括参与碳水化合物和蛋白质的代谢、维持细胞内正常的渗透压和细胞内外的酸碱平衡、维持神经肌肉的正常功能，以及维持心肌的正常功能等。钾元素的缺乏会导致肌肉、消化系统、心血管系统、泌尿系统、神经系统等发生功能性或病理性改变，主要表现为肌肉无力或瘫痪、心律失常及肾功能障碍等。大部分食物都含有钾，其中蔬菜和水果是钾元素最好的来源，钾含量较高的食物有紫菜、黄豆、冬菇、赤豆等。

钠的主要功能包括调节水分使渗透压恒定、维持酸碱平衡及增强神经肌肉兴奋性等。钠元素缺乏的早期症状并不明显，可能出现倦怠、无神等，严重时可出现恶心、呕吐、血压下降、肌肉痉挛甚至休克等。钠元素普遍存在于各种食物中，一般动物性食物的钠含量高于植物性食物，人体获得钠的主要途径是食盐。

钙是构成人体的重要成分，正常人体内含有1200~1400克的钙，其中99.3%集中于骨骼和牙齿组织，钙对保证骨骼的正常生长发育和维持骨骼健康起着至关重要的作用。体内的钙元素能够维持各种生理功能并参与代谢过程，包括调节神经肌肉兴奋性、调节多种激素和神经递质的释放以及调节生物膜的完整性等。钙缺乏症是较常见的营养性疾病，主要表现为骨骼的病变，即婴幼儿的佝偻病和成人的骨质疏松症。儿童青少年时期骨骼生长迅速，女性的生长高峰期为10~14岁，男性的生长高峰期为12~16岁，18岁后生长速度减缓，因此儿童青少年对钙的需求量很高。奶和奶制品是钙的重要来源，且人体对其中的钙吸收率高。另外，豆类、坚果类、可连骨吃的小鱼小虾及一些绿色蔬菜也是钙的较好来源。

对儿童青少年来说，骨骼等组织生长较快，因此必须保证充足的无机盐摄入才能满足其生长发育的需求，但是我国对儿童青少年钙营养的多次调查均显示其钙摄入水平较低，不利于骨骼的发育。

镁的主要功能包括激活多种酶的活性、维持骨骼生长、调节神经肌肉兴奋性、调节胃肠道和激素功能等。镁缺乏可致血清钙下降，神经肌肉兴奋性亢进，进而导致机体出现抽搐现象。另外，镁对骨矿物质的内稳态有重要作用，镁缺乏可能是女性绝经后患骨质疏松症的一个危险因素。镁元素虽然普遍存在于多种食物中，但含量差别比较大，绿叶蔬菜的含量较丰富，粗粮、坚果、肉类及牛奶的镁含量也比较高。

大多数食物中都含有磷，特别是蛋白质含量丰富的肉类、奶制品与谷物。磷与钙（磷与钙的比例为1∶2）相结合可以保持骨骼和牙齿的健康，磷还在能量代谢中有重要的作用，可以影响碳水化合物、脂肪和蛋白质的代谢。由于其在食物中普遍存在，所以磷缺乏的现象很少见。

氯化物是一种细胞外矿物质，在维持体液平衡和细胞的正常功能中扮演着重要角色，同时其也是胃液的组成成分。一般来说，我们摄入的氯化物都与食盐有关。严重出汗、频繁腹泻或者呕吐容易引起氯化物缺乏。

锌元素作为人体必需的微量元素广泛分布在人体各组织和器官中，对生长发育、免疫功能、物质代谢和生殖功能等均有重要作用，最重要的是锌还参与多种酶的合成，与酶的活性息息相关。儿童青少年缺乏锌元素会引起生长迟缓、性成熟受阻、味觉障碍、胃肠道疾病、免疫功能减退及瘦体重减少等现象。含锌的食物比较多，但含量差别很大，人体对其的吸收率也不同。一般来说，贝壳类海产品、红肉类、动物内脏都是锌的极好来源，干果类、谷类胚芽和麦麸也富含锌，而其他植物性食物含锌量较低。需要注意的是，精细的粮食加工过程可导致大量的锌丢失，因此需要适当增加粗粮的摄入。在补锌时还应注意人体对锌的可耐受最大摄入量，不可过量，以免出现副作用并影响其他矿物质的吸收。

铜是人体必需的微量元素，广泛分布于生物组织中，大部分以酶的形式起作用，对人体健康至关重要。铜元素对机体正常代谢的重要性体现在：参与铁的代谢和红细胞的生成，维持正常的造血机能；促进结缔组织形成，在皮肤和骨骼的形成、骨矿化、心血管系统结缔组织的完善中起着重要的作用；维护中枢神经系统的健康；促进黑色素正常形成及维护毛发正常结构；具有一定的抗氧化作用，能保护机体细胞免受超氧阴离子的损伤；对脂肪和碳水化合物代谢、免疫功能、激素分泌等也有一定影响。应当注意的是，铜元素缺乏可以引起人体的血管病。铜元素广泛存在于各种食物中，贝类海产品及坚果类食物是铜的良好来源，次之是动物的肝、肾和谷类胚芽部分，豆类等再次之，奶类和蔬菜的含量最低。

铁在机体内的主要作用是参与体内氧与二氧化碳的转运、交换过程，并与红细胞的形成和成熟有关。当机体缺铁时，新生的红细胞中的血红蛋白不足，还可使红细胞寿命缩短、自身溶血增加。值得注意的是，铁缺乏可引起缺铁性贫血，进而导致一系列不良后果，儿童青少年缺铁时还会出现身体发育受阻、体力下降、注意力与记忆力调节过程障碍、学习能力降低等现象。此外，铁缺乏也可导致机体免疫力下降。运动会使机体铁代谢加快，导致机体对铁的吸收受到影响，并且使铁的排出增多，这些都增加了运动人群对铁的需要量。儿童青少年运动人群由于受到生长发育和运动的双重影响，很容易出现铁缺乏的现象，而处于青春期的女性运动者还会因月经丢失一部分铁，因此更容易发生铁缺乏。铁元素广泛存在于各种食物中，但分布极不均衡，人体对其的吸收率相差也极大，一般动物性食物的铁含量均较高，食用后吸收率也较高，因此膳食中铁的良好来源主要为动物肝脏、动物全血、畜禽肉类、鱼类。蔬菜的铁含量较低，且人体对油菜、菠菜、韭菜等所含铁的吸收率不高。儿童青少年运动人群为满足铁的需要，可食用一些铁补充剂。

硒是人体必需的微量元素，是构成含硒蛋白与含硒酶的重要成分，起着抗氧化、清除自由基、调节甲状腺激素代谢、维持机体正常免疫功能、抗肿瘤及维持正常生育功能等作用。含硒较高的食物有动物内脏、海产品、肉类等；水果和蔬菜中的含量比较低。儿童青少年运动人群在运动过程中自由基生成比较多，因此硒的供给量应高于一般儿童青少年，但要避免摄入过多，过多会引起毒性反应。

碘是合成甲状腺素所必需的微量元素，甲状腺素参与调节代谢速率、生长与发育。碘缺乏通常会导致甲状腺肿，过量则会抑制甲状腺活性。加碘盐的食用可以预防甲状腺肿，但并不推荐食用碘补充剂。

锰是一种参与骨骼形成、免疫功能、抗氧化反应及碳水化合物代谢的微量元素。锰缺乏的情况比较少见，但是如果发生就会伴随骨骼问题，并且对伤口的愈合不利。应当注意的是，锰会与钙、铁、锌形成竞争性吸收，因此过量摄入其他金属微量元素通常会阻碍锰的吸收。维生素C与肉类则会促进锰的吸收。锰的食物来源主要有咖啡、茶、巧克力、全谷物、坚果、动物肝脏和水果等。锰的缺乏一般会导致儿童青少年生长发育缓慢，过量摄入会导致神经系统方面的症状。

铬可以帮助细胞利用葡萄糖。其缺乏的症状为机体维持血糖的能力低下（低血糖或者高血糖）、胰岛素分泌过量等。铬在蘑菇、全谷物、坚果、豆类、奶油中的含量较高。

（六）水

水是生命之源，也是人体含量最多的成分，成人人体中水的含量约占体重的60%～70%，儿童青少年的占比甚至在70%以上。水和溶解于其中的物质组成人体的体液。体液是各种代谢反应的场所，同时有调节体温、维持内环境稳定的作用。

电解质是维持水平衡的重要因素，水的含量的多少也是影响电解质浓度的因素之一。正常情况下，人体中水的来源包括饮用水、身体代谢水和食物中的水，而水的排出途径主要有呼吸、排汗和排泄。应当注意的是，为了提供充足的能量，人体在运动过程中物质代谢能力增强，尤其是骨骼肌会产生大量的热量，这会导致核心温度升高，而为了维持核心温度的稳定，人体会通过排汗的形式将多余的热量散发出去，在这个过程中人体会丢失大量水分。因此，只有及时补充水分才能满足物质代谢的需求，促进代谢废物的排出，并且使体温处于稳定状态。

（七）膳食纤维

膳食纤维存在于植物性食物中，它不能被人体小肠消化吸收，也不能产生能量，但却是一种对人体健康有益的碳水化合物。膳食纤维的主要功能包括促进肠道蠕动，软化宿便，预防便秘、结肠癌及直肠癌；降低血液中的胆固醇、甘油三酯，有利于控制肥胖；清除体内毒素，预防色斑、青春痘等皮肤问题；减少糖类在肠道内的吸收，降低餐后血糖；促进肠道有益菌增殖，提高人体吸收能力。膳食纤维包括纤维素、半纤维素、木质素、果胶、藻胶等，其主要来源为天然的植物性食品，如蔬菜、水果、粗粮等，而经精细加工的植物性食品含膳食纤维很少，所以"食之过精"不利于健康。

纤维素及半纤维素主要存在于谷物及豆类的外皮和植物茎叶中，是植物细胞壁的组成成分。人类仅大肠的肠道细菌能发酵纤维素，故人类基本上不能消化利用纤维素和半纤维素。纤维素和半纤维素在肠道中可发挥以下作用：增加肠道内容物体积，促进肠道蠕动，预防和减轻便秘；减少肠道对胆固醇的重吸收，稀释肠内有毒物质并缩短其通过肠道的时间；预防结肠癌、胆石形成；降低血脂、血糖水平。纤维素能通过增加胃内容物体积而使人产生饱腹感，进而减少食物摄入量，这有利于控制体重，防止肥胖。

木质素是植物的木质化物质，是唯一不属于多糖类物质的膳食纤维。木质素的食物来源为谷物和豆类种子的外皮及植物的茎和叶。它能与胆盐和其他有机物质结合，延缓和减少小肠对某些营养素，特别是无机盐离子的吸收。

果胶类主要存在于水果和一些根菜类食物中。饮食中的果胶只能提供有限的能量，但对人体健康有重要意义，如减少人体对胆固醇的吸收，促进体内胆固醇转化，降低血清总脂、胆固醇及甘油三酯水平，进而有助于防止动脉粥样硬化。

藻胶类存在于海藻中。在工业发达国家，人们常将它作为低热量食品的添加剂，它可防止能量摄入过多造成的肥胖症。

第二节　儿童青少年合理饮食原则和日常安排

一、儿童青少年合理饮食的原则

儿童青少年是人类发育过程中的一段特殊时期，介于幼儿与成人之间。他们处于学习阶段，生长发育迅速，对能量和营养素的需要相对高于成人。充足的营养是儿童青少年智力和身体形态正常发育，乃至一生健康的基础，因此更需要强调合理饮食、均衡营养。

儿童青少年时期是学习营养健康知识、养成健康生活方式、提高营养健康素养的关键时期。健康的饮食习惯不仅能够促进儿童青少年健康茁壮成长，还能够促进其逐渐养成自律、自制的良好习惯，家长应加强营养健康知识学习并将其融入日常生活。健康的饮食并不是每天都吃一样的东西，而是在一个健康饮食的框架之下进行食物的自由选择和搭配。

儿童青少年合理饮食要遵循以下七项原则。

（一）能量摄入要充足

儿童青少年正处于生长发育的关键阶段，充足的能量是正常生长发育的重要保障。基础代谢率（basal metabolic rate，BMR）是人体维持基本生命活动及所有器官运转的最低能量需求，儿童青少年新陈代谢旺盛，其基础代谢率较高，甚至高于成人，因此他们每天的能量需求较多。此外，儿童青少年活泼好动，身体活动量较大，导致能量消耗多，同样需要摄入充足的能量。

碳水化合物是人体所需能量的主要来源，在日常饮食中，碳水化合物主要来自我们吃的主食，如馒头、米饭等。儿童青少年每天应摄入充足的谷薯类食物，尤其要注意粗细粮搭配。过度加工的细粮会流失较多的营养成分，并且细粮吸收快，升血糖也较快，而粗粮没有过度加工，保留了较全面的营养成分，粗细粮搭配的饮食有助于人体摄入充足的营养素。

中国营养学会建议（表3-1），7~10岁的儿童每天应摄入150~200克谷类食物，其中包括30~70克全谷物和杂豆类食物，另外还要摄入25~50克薯类食物。11~13岁的儿童每天应摄入225~250克谷类食物，其中包括30~70克全谷物和杂豆类食物，另外还要摄入25~50克薯类食物。14~17岁的青少年每天应摄入250~300克谷类食物，其中包括50~100克全谷物和杂豆类食物，另外还要摄入50~100克薯类食物。儿童青少年每天摄入的碳水化合物的供能比例应为50%~65%，特别注意游离糖（指添加到食品中的单糖和双糖，以及蜂蜜糖浆、果汁中天然存在的糖）的摄入量应在总能量的10%以内，可接受的游离糖摄入量为每天低于50克，最好控制在25克以内。

表3-1　儿童青少年谷薯类食物建议摄入量　　　　单位：克/天

食物类别	7~10岁	11~13岁	14~17岁
谷物	150~200	225~250	250~300
全谷物和杂豆	30~70		50~100
薯类	25~50		50~100

资料来源：中国营养学会.中国居民膳食指南（2022）[M].北京：人民卫生出版社，2022.

（二）优质蛋白摄入要充足

儿童青少年处于身体生长发育的关键阶段，此时儿童青少年对于蛋白质的需求量很大。充足的蛋白质，尤其是必需氨基酸，能够为儿童青少年身体的成长和发育提供优质的原材料，维持儿童青少年肌肉和器官等的正常发育。儿童青少年补充蛋白质时要挑选高质量的蛋白质，如奶及奶制品、蛋类和瘦肉等，以提高人体对食物中蛋白质的利用率。生活中蛋白质的来源食物主要有禽畜肉、水产品、蛋类、奶及奶制品、豆类等。儿童青少年每天摄入蛋白质的供能比例为10%～15%。对于正处于青春发育期的14～17岁青少年来说，每天要分别摄入50～75克禽畜肉和水产品、50克蛋类、300克奶及奶制品，每周摄入105～175克大豆及其制品，以满足身体发育所需（表3-2）。

表3-2　儿童青少年禽畜肉、水产品、蛋类、奶及奶制品、大豆及其制品建议摄入量

食物类别	7～10岁	11～13岁	14～17岁
禽畜肉/（克·天$^{-1}$）	40	50	50～75
水产品/（克·天$^{-1}$）	40	50	50～75
蛋类/（克·天$^{-1}$）	25～40	40～50	50
奶及奶制品/（克·天$^{-1}$）	300	300	300
大豆及其制品/（克·周$^{-1}$）	105	105	105～175

资料来源：中国营养学会.中国居民膳食指南（2022）［M］.北京：人民卫生出版社，2022.

（三）维生素和矿物质摄入要充足

维生素对儿童青少年的生长发育具有调节和促进作用，体内某种维生素的长期不足，会导致代谢紊乱并且形成缺乏症。通常情况下，如果儿童青少年每天保持均衡膳食，不挑食、不偏食，则不会引起某种维生素的缺乏。新鲜的蔬菜和水果是多种维生素的重要来源，7～10岁的儿童每天应摄入300克新鲜蔬菜，150～200克新鲜水果；11～13岁的儿童每天应摄入400～450克新鲜蔬菜，200～300克新鲜水果；14～17岁的青少年每天应摄入450～500克新鲜蔬菜，300～350克新鲜水果。此外，瘦肉、蛋类、奶类、动物肝脏和谷类等食物也都是维生素的重要来源。儿童青少年主要维生素的推荐摄入量见表3-3。

表3-3　儿童青少年主要维生素的推荐摄入量

类别	推荐摄入量		
	7～10岁	11～13岁	14～17岁
维生素A/（微克RAE·天$^{-1}$）	500	男：670 女：630	男：820 女：630

续表

类别	推荐摄入量		
	7～10岁	11～13岁	14～17岁
维生素B_1/（毫克·天$^{-1}$）	1.0	男：1.3 女：1.1	男：1.6 女：1.3
维生素B_2/（毫克·天$^{-1}$）	1.0	男：1.3 女：1.1	男：1.5 女：1.2
维生素C/（毫克·天$^{-1}$）	65	90	100
维生素D/（微克·天$^{-1}$）	10	10	10
维生素E/（毫克α-TE·天$^{-1}$）	9	13	14

资料来源：中国营养学会.中国居民膳食营养素参考摄入量速查手册（2013版）［M］.北京：中国标准出版社，2014.

注：RAE表示视黄醇活性当量；α-TE表示α-生育酚当量。

矿物质是维持生理机能和构成组织细胞不可缺少的物质。儿童青少年正处于生长发育旺盛的时期，对于矿物质缺乏比较敏感，应该注意补充。通常情况下，如果儿童青少年每天保持均衡膳食，不挑食、不偏食，则不会引起某种矿物质的缺乏。富含矿物质的食物通常有瘦肉类、动物肝脏、菠菜、黑木耳、奶及奶制品、蛋类、豆类及海产品等。有些矿物质对生长发育尤其重要，比如钙是保证儿童青少年骨骼发育的重要物质，儿童青少年时期的骨密度峰值对将来的骨质健康有重要的影响。此外，在儿童青少年生长发育中还有大量的血液生成，这一过程需要有足够的铁元素。如果确实存在通过营养补充剂满足矿物质的需求，那么在补充矿物质时需注意时间，由于矿物质的吸收是竞争性的，一次性补充多种矿物质并不是适宜的补充方法。儿童青少年主要矿物质元素的推荐摄入量见表3-4。

表3-4　儿童青少年主要矿物质元素的推荐摄入量　　　单位：毫克/天

类别	推荐摄入量		
	7～10岁	11～13岁	14～17岁
钙	1000	1200	1000
铁	13	男：15 女：18	男：16 女：18
锌	7.0	男：10.0 女：9.0	男：11.5 女：8.5
碘	90	110	120

资料来源：中国营养学会.中国居民膳食营养素参考摄入量速查手册（2013版）［M］.北京：中国标准出版社，2014.

（四）饮水要充足

人体中60%～70%都是水分，其中少部分是游离水，大部分是结合水，存在于我们的肌肉以及脏器中。水能够维持我们正常的新陈代谢，尤其是在天气炎热的情况下，缺水或补水不足会导致脱水、中暑等症状，严重时甚至会出现晕厥，危及生命。水是血液的主要成分，可运输氧气、营养物质、激素等到细胞，并带走细胞新陈代谢的副产物。儿童青少年一定要养成积极饮水的习惯，不要等到口渴再喝水，当感到口渴时，身体已经失水1000～2000毫升，所以儿童青少年每天都要间隔一段时间就主动饮水，建议每个课间喝水100～200毫升，闲暇时每小时喝水100～200毫升，每天饮水量应在800～1400毫升。在天气炎热或参加运动时，由于出汗较多导致人体失水量大，这时应适当增加饮水量，以维持良好的水合状态。儿童青少年建议饮水量见表3-5。

表3-5　儿童青少年建议饮水量

年龄/岁	饮水量/（毫升·天$^{-1}$）
6～10	800～1000
11～13	1100～1300
14～17	1200～1400

资料来源：中国营养学会.中国居民膳食指南（2022）［M］.北京：人民卫生出版社，2022.

儿童青少年应多喝白开水，少喝或不喝含糖饮料、碳酸饮料等，更不能以饮料代替水。多数饮料都含有添加糖，经常大量饮用含糖饮料会增加龋齿和超重、肥胖的风险。选择饮料时要看营养成分表，尽量选择"碳水化合物"或"糖"含量低的饮料。饮料中所含的糖类不会给人体带来任何额外的营养素，它被吸收到身体里唯一的结果就是提供能量。但正常进食基本不会发生能量摄入不足的情况，当能量摄入过多时，糖就会变成脂肪堆积在体内，最终导致肥胖，甚至引发与肥胖相关的一系列慢性疾病。

（五）零食选择要合理

除一日三餐及正常饮水外，人体摄入的所有食物和饮料（不包括水）都是零食，吃零食的主要目的是补充当天正餐中摄入不足的能量或营养素。按照加工方式，零食可分为原产品零食、粗加工零食、深加工零食。原产品零食含有的营养素特别是维生素、纤维素等保存相对完整，油脂、糖类等热量成分含量相对较少；粗加工零食是经过简单加工的零食，在加工过程中对水溶性维生素有一定的破坏，但保留了较多的纤维素、不饱和脂肪酸等营养素，含糖、盐等较少；深加工零食的加工程序较多，通常添加剂也较多，在加工过程中对水溶性维生素、纤维素破坏较大，含糖、油脂、盐等成分较多，热量较高，因油脂含量高而口味较好。在选择零食的时候，应选择维生素、纤维素等含量丰富的零食，主要目的是补充三餐中摄入不足的营养素，补充能量，并适当增加饱腹感以控制体重。选择零食可参考以下原则：原产品零食每天吃，粗加工零食选择吃，深加工零食限制吃。

建议儿童青少年选择清洁卫生、营养丰富的食物作为零食，如新鲜蔬菜水果、坚果、奶及奶制品、大豆及其制品等。两餐之间可以吃少量零食，吃零食的量以不影响正餐为宜，不能用零食代替正餐。日常生活中的零食应尽量避免高脂、高糖、高盐等经过深加工的食品，如薯条等油炸食品；也不推荐选择卤味食品等不健康的食品。以下是选择零食的一些建议。

① 水果和能生吃的新鲜蔬菜含有丰富的维生素、矿物质和膳食纤维，可以充当零食。

② 奶类、大豆及其制品可提供优质的蛋白质和钙，也是较好的零食。

③ 坚果，如花生、瓜子、核桃、杏仁、松子、腰果等富含蛋白质、脂肪酸，还含有大量的维生素E、叶酸、镁、铜和钾。吃少量的坚果有助于心脏健康，但因其所含能量较高，不能过量食用，以免导致肥胖，每天吃一小把即可，每周坚果食用量应不超过50克。

④ 谷类和薯类，如全麦面包、麦片、煮红薯等也可以作为零食。

⑤ 油炸、高盐和高糖的食品不宜作为零食，更不能代替正餐。

⑥ 吃饭前、后30分钟内不宜吃零食，不要看电视时吃零食，也不要边玩边吃零食，睡觉前30分钟不宜吃零食。

（六）养成良好饮食习惯

儿童青少年应该了解食物和营养的相关常识，合理选择与搭配食物，并养成健康的饮食习惯。家长应鼓励儿童青少年参与食物的准备和烹调过程，体会烹饪食物的乐趣。在进餐过程中，家长不应批评孩子，应该营造轻松快乐的进餐氛围，使孩子保持心情愉快，以促进食物更好地被消化吸收。长期挑食和偏食会造成食物摄取种类单一，导致人体营养素不足或缺乏。应该从小培养良好的饮食习惯，鼓励儿童青少年尝试多种食物，促进良好饮食习惯的养成。

（七）慎重选择营养品

在正常情况下，每日保持均衡膳食一般不会发生营养素缺乏的情况，但儿童青少年代谢旺盛、生长迅速，在有些情况下需要通过营养品补充一定量的营养素。需要注意的是，儿童青少年不能以营养品代替正常饮食，过度补充营养品可能会带来诸多健康问题，如营养过剩会导致儿童青少年肥胖，过度补充维生素或者矿物质会导致某些耐受类疾病等。过多食用营养品会导致儿童青少年正常饮食过少，从而导致儿童青少年膳食营养不均衡，影响儿童青少年的正常发育。如果经过检查确定儿童青少年需要补充某种营养素，那么可以在医生指导下进行补充。补充营养品一定要根据需要或者在医生指导下购买和使用。

二、儿童青少年一日饮食安排

儿童青少年应做到一日三餐，每一餐都摄入适量的谷薯类、蔬菜、水果、禽畜鱼蛋、豆类及其制品、坚果，以及充足的奶及奶制品。两餐应间隔4~6小时，三餐要定时定量。

早餐提供的能量应占全天总能量的25%~30%，午餐占30%~40%，晚餐占30%~35%。三餐不能用糕点、甜食或零食代替。要做到清淡饮食，少吃高盐、高糖和高脂肪的快餐。如果要吃快餐，尽量选择搭配有蔬菜、水果的快餐。

（一）合理安排儿童青少年的早餐

儿童青少年一定要坚持每天吃早餐，保证早餐的营养供应充足。早餐应包括谷薯类、蔬菜、水果、禽畜肉、蛋类，以及奶及奶制品或豆类及其制品等。不吃早餐会引起儿童青少年的能量和营养素摄入不足，而这些缺失的能量和营养素很难由一天中的其他餐次来补充。是否吃早餐以及早餐的质量会影响儿童青少年的反应能力、注意力和短期记忆能力，早餐能量摄入充足的儿童青少年身体耐力、思维创造力等的表现均优于早餐能量摄入不足的儿童青少年。因此，早餐是一天中相当重要的一餐，对儿童青少年来说更是如此。两片全麦面包、一个鸡蛋和一碗大米粥就能够满足早餐所需热量。然而，仅保证早餐的能量摄入充足是不够的，一顿营养充足的早餐至少应包括以下四类食物。

①谷薯类：谷类及薯类食物，如馒头、花卷、面包、米饭、红薯等主食类食物。

②禽畜肉、蛋类：如鸡蛋（蛋黄也要吃）、猪肉、牛肉、鸡肉等，它们能提供高质量的蛋白质。

③奶及奶制品或豆类及其制品：如牛奶、酸奶或豆浆、豆腐脑等，它们能提供优质蛋白质及钙等矿物质。

④蔬菜、水果：新鲜的蔬菜和水果，如菠菜、西红柿、黄瓜、西蓝花、苹果、梨、香蕉等，能提供膳食纤维、维生素和矿物质。

需要注意的是，早餐不要吃得太饱或太晚，也不能摄入过多的脂肪，以免影响消化和午餐的进食。早餐可结合本地饮食习惯丰富品种，让儿童青少年养成吃早餐的健康饮食习惯。

（二）合理安排儿童青少年的午餐

儿童青少年正处于学龄阶段，为了保证能量和营养素的供应，午餐的食物种类需要比较全面，进食量也相对偏多。按照三餐摄入能量比例3：4：3的原则，午餐摄入的能量应为700~1000千卡（kcal，1千卡=4.184千焦）。

儿童青少年存在个体差异，不同儿童青少年的身高、体重和运动量等存在差别，因此每个人的能量需求是不一样的，可根据实际情况调整午餐摄入量。例如，午餐要有一份米饭，最好选择包含大米、小米的二米饭共120克左右；一份肉类，推荐选择水产品和禽肉，要多吃瘦肉少吃肥肉；两份蔬菜，其中一份为深色蔬菜，蔬菜的烹饪可搭配豆制品、蛋类等；一份汤，以清淡口味为主。虽然午餐需要进食的量较多，但也要注意午餐不可吃得太饱，以免影响消化和下午的学习。

（三）合理安排儿童青少年的晚餐

晚餐摄入的能量需要维持人体整个晚上的生命活动，因此晚餐的食物种类也应比较丰富，但晚餐的总能量不能摄入过多。晚餐尽量清淡，避免高盐和油炸食品。晚餐最好包含一些富含膳食纤维的食物，如没有去皮的谷物和蔬菜，这些食物可以促进肠胃的蠕动，促进消化和对营养物质的吸收。但是也要注意富含膳食纤维的食物不要摄入过多，以免引起总能量摄入不足。晚餐不要吃得太晚，若晚餐时间与睡觉时间相隔较近，会影响人体对食物的消化及吸收，长期这样会导致肠胃病。

（四）合理安排儿童青少年的加餐

加餐是为了补充在三餐中摄入不足的能量或营养素，切勿把加餐当成正餐。儿童青少年生长发育旺盛，再加上每日身体活动或参加运动较多，日常的一日三餐无法满足能量需求，这种情况下就需要通过加餐补充能量。

一般应在每天上午、下午各有一次加餐，加餐的时间不可离正餐太近，以免影响正餐的进食。加餐食物的选择一般以健康零食为主，如水果、奶及奶制品、坚果等，尽量不要选择快餐食品、油炸食品、深加工食品等，这类食物的典型特点是高糖、高盐、高能量，营养成分很少，它们给儿童青少年的成长带来的弊端远大于益处。因此，儿童青少年的加餐也要科学合理。

第三节　儿童青少年合理饮食跟我吃

儿童青少年合理饮食搭配是保证儿童青少年摄入营养合理的关键环节。做好儿童青少年合理饮食搭配首先应判断儿童青少年的营养状况，其次应根据其营养状况计算食物能提供的能量，之后科学选择食物，最后进行合理饮食搭配。以下将分别进行介绍。

一、儿童青少年营养状况的判断

儿童青少年的营养摄入需要与其生长发育状况相匹配，而生长发育状况又与日常的饮食情况密切相关。合理的营养搭配可以促进儿童青少年的健康成长，但家长需要对儿童青少年的营养状况进行科学的判断，然后有针对性地制订膳食营养计划。身高和体重是评价儿童青少年生长发育情况的常用指标，测量也比较简单。儿童青少年的生长发育主要经历三个阶段。

（一）儿童青少年生长发育稳定期

青春期前，儿童青少年身高与体重增长持续而稳定，身高每年增长5~7厘米，体重每年增长2~3千克。

（二）儿童青少年生长发育突增期

儿童青少年生长发育突增是进入青春期的重要表现之一，突增高峰时身高每年可增长10~14厘米，体重每年可增长8~10千克。

（三）儿童青少年生长发育停滞期

青春期中后期，儿童青少年的身高与体重明显增长的情况逐渐停止。

本书第二章已经介绍了如何利用BMI判断儿童青少年是否超重或肥胖。如果儿童青少年出现超重或肥胖的情况，表明其营养过剩，应控制饮食。同样，也可以利用BMI判断儿童青少年是否偏瘦，即是否存在营养不良的状况。我国6~18岁儿童青少年分年龄BMI筛查消瘦界值范围见表3-6。

表3-6　我国6~18岁儿童青少年分年龄BMI筛查消瘦界值范围

年龄/岁	男性		女性	
	中重度消瘦	轻度消瘦	中重度消瘦	轻度消瘦
6.0~	≤13.2	13.3~13.4	≤12.8	12.9~13.1
6.5~	≤13.4	13.5~13.8	≤12.9	13.0~13.3
7.0~	≤13.5	13.6~13.9	≤13.0	13.1~13.4
7.5~	≤13.5	13.6~13.9	≤13.0	13.1~13.5
8.0~	≤13.6	13.7~14.0	≤13.1	13.2~13.6
8.5~	≤13.6	13.7~14.0	≤13.1	13.2~13.7
9.0~	≤13.7	13.8~14.1	≤13.2	13.3~13.8
9.5~	≤13.8	13.9~14.2	≤13.2	13.3~13.9
10.0~	≤13.9	14.0~14.4	≤13.3	13.4~14.0
10.5~	≤14.0	14.1~14.6	≤13.4	13.5~14.1
11.0~	≤14.2	14.3~14.9	≤13.7	13.8~14.3
11.5~	≤14.3	14.4~15.1	≤13.9	14.0~14.5
12.0~	≤14.4	14.5~15.4	≤14.1	14.2~14.7
12.5~	≤14.5	14.6~15.6	≤14.3	14.4~14.9
13.0~	≤14.8	14.9~15.9	≤14.6	14.7~15.3

年龄/岁	男性		女性	
	中重度消瘦	轻度消瘦	中重度消瘦	轻度消瘦
13.5~	≤15.0	15.1~16.1	≤14.9	15.0~15.6
14.0~	≤15.3	15.4~16.4	≤15.3	15.4~16.0
14.5~	≤15.5	15.6~16.7	≤15.7	15.8~16.3
15.0~	≤15.8	15.9~16.9	≤16.0	16.1~16.6
15.5~	≤16.0	16.1~17.0	≤16.2	16.3~16.8
16.0~	≤16.2	16.3~17.3	≤16.4	16.5~17.0
16.5~	≤16.4	16.5~17.5	≤16.5	16.6~17.1
17.0~	≤16.6	16.7~17.7	≤16.6	16.7~17.2
17.5~18.0	≤16.8	16.9~17.9	≤16.7	16.8~17.3

资料来源：中华人民共和国国家卫生和计划生育委员会.学龄儿童青少年营养不良筛查：WS/T 456—2014 [S].北京：中国标准出版社，2014.

二、计算食物的能量

（一）食物热量的计算原则

我们每天饮食的主要目的之一是为身体补充足够的能量，那么了解各类食物的能量值以及学会计算每日膳食的能量，对于我们合理搭配饮食很有帮助。食物能量的计算原则是根据食物中所含的各类成分，主要是碳水化合物、脂肪和蛋白质，将各供能营养素（碳水化合物、脂肪和蛋白质）的含量乘以相应的能量折算系数，再求和得出该食物的能量值。营养学上习惯以千卡作为能量单位，另外还有一个常见的能量单位焦耳（J），1千卡能量相当于4.184千焦。各供能营养素的能量折算系数见表3-7。

表3-7 各供能营养素的能量折算系数

供能营养素	能量折算系数/（千卡·克$^{-1}$）
碳水化合物	4
脂肪	9
蛋白质	4

（二）食物热量计算举例

多数食物均可通过以下公式计算其所含的能量值：能量（千卡）=碳水化合物含量（克）×4（千卡/克）+脂肪含量（克）×9（千卡/克）+蛋白质含量（克）×4（千卡/克）。

举例来说，100克鸡肉中含有碳水化合物1.3克、脂肪9.4克、蛋白质19.3克。按照以上公式计算：100克鸡肉的能量=1.3克×4千卡/克+9.4克×9千卡/克+19.3克×4千卡/克=5.2千卡+84.6千卡+77.2千卡=167千卡。

以一道家常菜"西红柿炒蛋"的能量值计算为例：

一盘（直径18厘米）西红柿炒蛋重约350克，使用的食物原料为西红柿240克、鸡蛋100克、菜籽油10克。100克西红柿含碳水化合物4.0克、脂肪0.2克、蛋白质0.9克，能量21.4千卡；100克鸡蛋含碳水化合物2.8克、脂肪8.8克、蛋白质13.3克，能量143.6千卡。100克菜籽油含脂肪99.9克，能量899.1千卡。所以一盘西红柿炒蛋的能量约为：240/100×21.4千卡+100/100×143.6千卡+10/100×899.1千卡=284.87千卡。

为方便计算一天摄入的能量及营养素，家中可备一台食品秤。多数食物的营养成分可在《中国食物成分表》一书中查到。这里需要特别指出的是，计算食物能量值时是以食物中各类食材的生重为准的，而不是做熟之后的重量。

三、选择健康的食物

儿童青少年选择食物要遵从以下四个方面的原则。

（一）不吃腐败的食物

腐败的食物会影响人的胃肠道功能，更有甚者会引起中毒并危及生命。食物腐败变质主要有以下三种类型。

变黏：由细菌生长代谢形成的多糖所致，常发生在以碳水化合物为主的食物中。

变酸：主要发生在以碳水化合物为主的食品和奶及奶制品中，主要是由腐败微生物生长代谢所致。

变臭：主要由细菌分解食物中的蛋白质所致，常发生在蛋白质含量丰富的食物中。

（二）做好食物的搭配

进食时一定要注意，不同食物可能含有相同的营养素，如橘子和柚子含有较多相同的营养素，因此在进食橘子之后，可以选择进食其他种类的食物，而非柚子，以此类推，这样有助于维持摄入营养素的多样性。在挑选食物时，要注意食物的营养价值。一些食物虽然蛋白质的含量较高，但其营养价值偏低，比如猪皮，虽然它的蛋白质含量较高，但它不含有人体的必需氨基酸，因此猪皮的营养价值相对于含有多种人体必需氨基酸的鸡蛋蛋清来说低很多。

（三）不吃添加大量防腐剂的食物

一般来说，食品的包装说明上会有保质期，保质期的长短与食品中防腐剂的添加量有关，摄入过多的防腐剂对儿童青少年的生长发育是非常不利的。此外，市场上许多食品都含有很多的食品添加剂（除了防腐剂之外），食用过多的甘露醇、山梨糖醇等甜味剂也可能引起胃肠道不适。

（四）不吃过期的食物

现在很多食品都会采用预包装的形式，即将食物加工好，通过真空包装等技术进行包装和保鲜，购买后加热即可食用。虽然预包装食品可以省掉烦琐的烹饪环节，但在选购的时候一定要注意查看食品的生产日期和保质期，将要过期的产品要谨慎选择，已经过期的产品千万不可购买和食用。

四、对儿童青少年发育有益的食物和儿童青少年合理饮食搭配

不同的食物具有不同的功能，通常一种食物因为含有多种有益物质而有多种功能，但是通常一种食物只有一个最有效功能。我们摄取食物应该最大效度地利用食物的最有效功能。

（一）对儿童青少年大脑发育有益的食物

胆碱和卵磷脂是大脑细胞的重要组成部分，能够增强大脑功能。食用含有胆

碱和卵磷脂的食物能够促进儿童青少年集中注意力和增强反应能力；营养均衡，适量运动，"补脑"效果才更好。

水产品，尤其是鱼类，是促进智力发育的首选食物。鱼头含有丰富的卵磷脂，能够增强记忆力和分析能力，并且能够减缓脑细胞的退化，延缓衰老。鱼肉还是优质蛋白质和钙、磷的来源，并且含有大量的不饱和脂肪酸，可以促进大脑发育，健脑益智，并且有助于骨骼的发育。鸡蛋含有较多的优质蛋白质，并且蛋黄中有丰富的营养物质，包括卵磷脂、维生素等，对大脑的生长发育有益。此外，核桃等坚果含有较多的不饱和脂肪酸，对于大脑的发育有较好的促进作用。

（二）对儿童青少年长高有益的食物

儿童青少年身高的增长主要是骨骼的发育和肌肉的增长，同时伴随着内脏器官的发育。因此含有丰富的钙、磷、蛋白质和维生素的食物有助于儿童青少年身高的增长。

红肉，比如常见的牛肉、羊肉等，含有丰富的蛋白质和矿物质，尤其是含有较多的铁元素，这对处于生长发育期的儿童青少年来说是较为理想的食物。鱼、虾和禽肉含有丰富的蛋白质和矿物质，鱼、虾含有丰富的优质蛋白质和钙、磷、维生素D等，禽肉在去皮后含有的脂肪很少，能够在补充儿童青少年生长发育所需的蛋白质的同时，减少脂肪的摄入。

食用奶及奶制品、绿叶蔬菜、豆类及其制品都是人体摄入钙的重要途径，然而，一些食物中含有草酸和植酸，它们会降低钙的吸收率，如菠菜中钙的吸收率只有奶中钙的吸收率的10%。牛奶和酸奶中含有多种人体必需氨基酸、脂肪酸、矿物质及维生素，能够促进人体对钙的消化和吸收。

（三）对儿童青少年免疫力有益的食物

维生素C、维生素B_6、β-胡萝卜素、维生素E和锌、硒与免疫力的关系较为密切。

维生素C在猕猴桃、橙子等新鲜水果和新鲜的深色蔬菜中含量较多。

维生素B_6在肉类与动物内脏（特别是肝脏）中含量较多。

β-胡萝卜素存在于深色和颜色鲜艳的水果和蔬菜中。

维生素E主要存在于各种植物油中，其中豆油的含量最高，也存在于一些肉类和蛋类中。

补充锌元素除了食用锌补充剂之外，还可以多吃一些牛肉、牡蛎、山核桃等。

含有硒元素较为丰富的食物有肉类、动物肝脏、洋葱、番茄等，以及一些添加了硒元素的营养强化食品。

（四）对儿童青少年视力发育有益的食物

眼睛是心灵的窗户，是我们感知外界环境的视觉器官。但是，我国儿童青少年的近视率居高不下，影响了儿童青少年的健康成长。近视的发生除与用眼习惯有关以外，还与日常饮食有一定的关系。维生素A能够预防眼干燥症和夜盲症，对眼睛功能的维持非常重要，胡萝卜中含有的β-胡萝卜素是维生素A的前体。猕猴桃、橙子等水果含有的维生素C，能够消除体内的自由基，降低自由基对眼睛的伤害，从而减少一些炎症反应，起到保护眼睛的作用。并且维生素C是眼球晶状体的重要营养成分，摄入不足会导致晶状体浑浊和病变，角膜炎和前房、虹膜出血。叶黄素，又称为"植物黄体素"，是一种对维持视力和眼睛健康很有益的营养素，它能够防止眼睛视网膜的氧化。人体自身不能合成叶黄素，需要摄入一些富含此类物质的食物进行补充，甘蓝、菠菜、韭菜、黄玉米和蛋黄含有较多叶黄素。

（五）儿童青少年合理饮食搭配示例

下面以12岁的儿童一日营养配餐为例（表3-8），展示儿童青少年合理饮食搭配。

根据12岁儿童的生长发育特点及能量需求，其摄入食物的总能量为1800千卡。一日三餐的食物种类较为丰富，均衡的饮食搭配使儿童摄入充足的营养素。除正常的一日三餐之外，还分别在上午、下午各安排了一次加餐，加餐的食物以奶及奶制品、水果、坚果为主，这些食物营养丰富，且能补充人体所必需的营养素。另外，儿童还要注意每日积极主动、足量地饮水，家长在烹饪食物时要少油、少盐。

表3-8　12岁儿童一日营养配餐示例

餐别	食物搭配
早餐	燕麦粥1碗（燕麦25克）、煮鸡蛋1个（鸡蛋40克）、花卷半个（面粉25克）、拌凉菜1份（生食蔬菜50克）
加餐	苹果1个（200克）、牛奶1杯（200克）
午餐	二米饭（大米50克、小米25克）、煮玉米（玉米50克）、红烧翅根（鸡翅根50克）、清炒菠菜（菠菜200克）、醋熘土豆丝（土豆50克）、紫菜蛋花汤（紫菜2克、鸡蛋10克）
加餐	酸奶1杯（100克）、坚果1把（10克）
晚餐	米饭（大米75克）、清蒸鲈鱼（鲈鱼50克）、家常豆腐（豆腐100克）、香菇油菜（香菇10克、油菜150克）
其他	足量饮水，一日饮用白开水800～1400毫升 清淡饮食，油少于25克，盐少于5克

第四节　儿童青少年的良好饮食习惯

良好的饮食习惯包括不偏食节食、不暴饮暴食、按时就餐、荤素搭配适当、不吃过期食品，保持适宜体重增长。良好的饮食习惯能够让人受益终身，青少年的饮食习惯可以影响他们的情绪和行为，且通过纠正错误的饮食习惯可以改善某些不良的性格。有研究表明，青少年儿童正确的饮食习惯的养成过程，可以帮助其塑造良好的性格。儿童青少年的良好饮食习惯包括以下四个方面。

一、膳食营养要均衡

均衡膳食要求我们一天中的饮食尽量做到各种营养素的均衡摄入，既能够保证能量充足，又能够保证营养素充足。长期不良的饮食习惯会影响儿童青少年的生长发育，导致肥胖或营养不良，从而严重影响儿童青少年的身心健康，并会导致儿童青少年在成年后更易患慢性病。家长可根据中国营养学会的建议，为儿童青少年合理搭配膳食营养，帮助其养成均衡膳食的良好习惯。

二、食物要多样化

全面的营养来自多样化的食物。儿童青少年时期是生长发育的关键时期，儿童青少年必须吃多样化的食物，摄入多种营养素，才能满足生长发育的需要。这就要求家长在给孩子做饭时，菜色要多样，这样才能让孩子的食物多样化。如果孩子挑食，则需要家长教育孩子，向其说明挑食的不良影响，并要求孩子吃多种类型的食物。学校食堂也应该多换几种菜色和搭配，聘请专业的营养师为孩子们提供健康的饮食计划，如果孩子挑食，则需要教师对其进行教育和指正。

三、认识食物，独立选择健康食物

具备良好的健康饮食知识是儿童青少年能够独立选择健康食物的前提，健康饮食的知识需要父母的教导及儿童青少年自身的学习。家长可以每天与儿童青少年进行关于健康饮食的交流，介绍一些新的健康饮食知识或者复习昨天学习的知识，潜移默化地让儿童青少年形成良好的饮食态度和习惯。在儿童青少年具备一定的健康饮食知识后，家长可以让儿童青少年每天晚上说一下或写一个明天想吃的食物清单。这就要求家长也具有一定的健康饮食知识，空闲时间要阅读关于健康饮食的书籍等。对于儿童青少年来说，在学习健康饮食知识初期，需要多问家长食物的主要成分以及其分类；在具有一定的健康饮食知识后，儿童青少年可以在进食的时候多回忆一下这类食物的优缺点，然后在家长的指导下逐渐独立选择食物。

四、学会反思与总结

自我反思是形成良好习惯的手段之一。儿童青少年可以在每天晚餐后回想自己一天之中所摄入的食物，回想自己是摄入了过多的能量还是过少的能量，以及自己有没有不良的饮食习惯等。建议儿童青少年能够每天写一篇膳食日记，记录一天当中的膳食情况，然后定期翻阅，进行自我监督，改正不良的饮食习惯，逐步培养良好的饮食习惯。

第五节 儿童青少年运动与饮食的合理搭配

一、儿童青少年运动与饮食合理搭配的意义

运动与饮食的合理搭配可以保障儿童青少年在进行不同类型的运动或不同时长的运动时获得最有效的营养补充，使运动的效果最大化。运动对身体的益处都是在运动后的恢复过程中产生的。饮食作为恢复的重要手段，必须得到重视。

二、儿童青少年运动与饮食的合理搭配的基本原则

（一）合理饮食原则

运动会增加能量消耗，但对于儿童青少年而言，大多数情况下通过均衡膳食、多食蔬菜和水果便可以补充运动导致的能量消耗，恢复良好的机能状态。很多运动营养食品商家声称自家的产品可以快速补充蛋白质、维生素等，但儿童青少年的运动量未达到专业运动员的训练强度，不需要添加额外的运动营养食品。因此，儿童青少年应当首先通过合理饮食摄入足够的营养。

（二）时效性原则

运动与饮食搭配的时效性非常强。运动营养强调在运动前、运动中、运动后等不同的时间段进行有效的营养补充，以促进身体机能的恢复，使身体尽快储备好能量以维持正常的生命活动。

（三）个性化原则

运动营养方案非常强调个性化。儿童青少年的生长发育存在个体差异，而且他们所从事的运动项目也不同，即使做同样的运动，每个人的能量消耗也是不同的。这就要求家长或其他辅助人员充分了解儿童青少年的身体情况、运动情况等信息，只有这样才能有针对性地制订适合儿童青少年的运动营养方案。

三、科学运动与合理饮食的搭配

对儿童青少年来说，运动和营养都是促进身体生长发育的重要因素。运动可增强身体机能，保持身体的活力；营养则是构成机体组织的物质基础，是让人拥有生命力的必要物质。运动与营养的科学配合能有效促进人体的生长发育并提高其健康水平。

儿童青少年时期包括了小学、初中和高中教育阶段，这个时期是儿童青少年学习各种知识的关键时期，也是长身体的重要阶段，尤其是在青春期，儿童青少年的生长发育更加迅速，身体各项机能逐渐发育成熟。儿童青少年正常的身体生长发育离不开各种营养素的参与，运动在促进生长发育的同时，也会消耗较多的营养物质，所以儿童青少年在运动时更应该注意营养的补充。儿童青少年需掌握运动营养的基本原则，针对不同的运动项目、运动强度、运动时间等补充不同配比的营养物质。不同类型的运动，如力量训练、有氧运动、柔韧性练习等，需要的营养也不同——力量训练偏重补充高蛋白食物，但对总热量的需求较低；有氧运动偏重补充高碳水化合物食物，对总热量的需求较高；柔韧性练习需要的总热量较低等。营养需要围绕儿童青少年的生长发育情况及运动情况进行科学补充。

四、运动营养品的选择与使用

运动营养品是与运动相关的一类功能食品，现在的运动营养品产业发展迅速，产品种类非常丰富。运动营养品被定义为满足运动人群、体力活动者的生理代谢状态、运动能力及对某些营养成分的特殊需求而专门加工的食品，合理补充这些食品可促进健康和提高运动能力。

运动营养品根据功效可以分为：预防关节及软骨损伤的营养品、缓解疲劳及促进恢复的营养品、预防运动性贫血的营养品、补充能量的营养品、减控体重的营养品、抗氧化的营养品、补充维生素与矿物质的营养品、增强免疫力的营养品等。

对普通儿童青少年来说，在保证合理饮食的基础上，通常情况下是不需要补充运动营养品的。普通儿童青少年不是专业运动员，其运动强度也达不到专业运动员的运动强度，日常的均衡膳食即可满足其生长发育及运动的需要。相反，如果盲目使用运动营养品而不加以甄别，可能存在多种弊端，不仅不利于提高运动表现，还可能严重影响儿童青少年的生长发育。

有浓厚的运动兴趣、参加业余运动训练的儿童青少年，可以根据训练情况及饮食情况适当选用运动营养品。科学的运动训练对提高儿童青少年的运动表现有重要作用，但是在积极参加体育训练的过程中，其体内的物质代谢水平及营养物质消耗量等都与普通儿童青少年有一定的差别，运动营养品不仅能补充从膳食中摄取不足及未摄取的营养素，还可以满足从事不同运动项目的儿童青少年运动员的特殊需要。但儿童青少年运动员在使用运动营养品时一定要合理、合规，适合其使用的运动营养品主要集中在提供能量、补充维生素及矿物质两大类上，具体包括运动饮料，肌酸、乳清蛋白、维生素A和维生素C的补充剂等。

不同种类的运动营养品的具体使用方法也不尽相同，掌握正确的使用方法能更好地发挥其使用价值。例如运动饮料，在运动前半小时补充200～300毫升运动饮料可使机体保持良好的水合状态，同时增加机体内的糖原储备，预防运动性脱水；在运动中每隔15～20分钟补充150～200毫升运动饮料有助于维持体液平衡与血糖水平，保持良好的运动能力；运动后同样需要继续饮用运动饮料，以补充身体流失的水分，但切不可一次性大量饮用，应少量多次补充运动饮料。又如，运动后补糖可促进糖原恢复，补糖的最佳时间点是在运动后即刻及运动后1～2小时，在补充过程中要遵循少量多次的原则。

第四章 容易忽视的事情
——儿童青少年运动与饮食的误区

第一节 运动中的常见误区

一、误区一：学生应以学习为主，运动会影响学习

有人认为，运动会占用大量的学习时间，导致学生的学习成绩下降。但是，合理的运动不仅不会对学习产生不利影响，还可以有效促进儿童青少年的身体发育和智力发展。大量研究表明，运动有利于提高学习成绩和学习效率。一方面，体质好的学生，其阅读能力、数学成绩高于体质差的学生；另一方面，如果只是单纯的停止思考，需要20分钟才能缓解连续工作2小时产生的脑疲劳，而使用运动这种放松方式则只需5分钟就可以了。这说明运动是一种更有效的缓解脑疲劳的方法，它能使大脑的紧张状态得到缓解，有助于提高工作学习效率，是一种积极的休息方式。

我们提倡从小养成坚持运动的良好习惯，一是因为各项身体素质的形成和发展都有其敏感期，如果错过敏感期，运动的效果会大打折扣，也会导致儿童青少年的动作笨拙，影响其参加运动的自信心和快乐感；二是因为儿童青少年时期是培养终身习惯的关键期，若在小时候养成良好的运动习惯，这种习惯往往会保留至成年甚至终生。需要提醒大家的是，不要把以参加比赛为目的的竞技体育训练与以促进健康为目的运动混为一谈，科学运动并不会影响学习，反而会提高学习效率，并能使儿童青少年更加健康地成长。那些因为运动影响学习成绩和兴趣的孩子，大多是过分痴迷于体育运动，或是没有科学安排运动时间、运动量和运动强度。

二、误区二：每天走路上下学，运动量足够，所以不需要额外的运动

《中国儿童青少年身体活动指南》建议我国儿童青少年每天要进行不少于60分钟的中大强度身体活动（主要为有氧运动），且每周至少有3天进行大强度的运动，包括力量训练和负重练习。可见，运动既有量的要求，又有强度的要求。每天走路上下学是增加运动量的好办法，但运动强度往往不足。

因此，儿童青少年即使每天走路上下学，仍然要进行额外的运动，才能让身体更好地生长发育。我们建议，儿童青少年每天应进行60分钟左右的运动，而且大部分应该是中等以上强度的运动，运动时应表现出明显的心跳加速、呼吸加快；每隔一天，还要进行大强度的运动，比如各种球类运动、变速跑等。

三、误区三：不胖不用运动

不胖不用运动这种观念是错误的。因为胖或不胖不能作为是否需要运动的依据。一方面，对于肥胖儿童青少年来说，应该加强运动，尤其是增加有氧运动，以促进自身脂肪的消耗，降低体重。但是，仅从体重判断是否肥胖也是不科学的，体重不超标并不代表体脂不超标，我们可以通过检测身体成分来判断自身体脂含量是否超标。另一方面，低体重并不代表健康，相反，体重过低往往伴随着营养不良和肌肉缺乏，这意味着更高的健康风险，比如免疫系统疾病、骨质疏松症等。如果儿童青少年身体瘦弱，仅靠增加饭量是不能达到强健体魄的目的的。因为在身体活动不足的情况下，多摄入的营养很可能转化为更多的脂肪，而不是更结实的骨骼和肌肉。因此，瘦弱的儿童青少年也要多参加运动，促进身体的血液循环，这样才能使摄入的营养更好地被吸收并积累于骨骼和肌肉中。有氧运动与力量训练等的合理组合，加上运动营养指导，可以使儿童青少年的运动达到最佳的效果。

四、误区四：儿童青少年灵活性好，运动前可以不用热身

充分的热身活动是避免运动损伤的有效手段。儿童青少年虽然身体灵活性好，但是关节的稳定性较差，肌肉力量较弱。如果忽略了热身活动，儿童青少年在运动中依然存在很大的运动损伤风险。因此，儿童青少年在进行运动之前，一

定要进行充分的热身活动，如以中低强度运动5~10分钟，让身体微微出汗，拉伸从上肢到腿部的肌肉，搓搓手和脸以促进局部血液循环等。

五、误区五：每天都认真上体育课，不用专门去运动

学校体育课的主要任务是使学生掌握体育运动的知识和技能，培养他们的运动兴趣和习惯。通常来说，体育课上的时间不仅要用于学生的一些体育活动，还要用于教学。此外，中小学校体育教师的数量通常较少，教师面对众多学生难以做到个性化指导，而同一班级上的学生虽然年龄相近但身体发育程度仍有不同，有的发育偏早，有的发育偏晚。最佳方案应是根据儿童青少年生长发育不同阶段的特点安排运动内容。多数情况下，仅靠上体育课，儿童青少年身体活动的时间和强度都无法得到保障，也无法做到个性化。因此，除了每天认真上体育课外，儿童青少年在课外时间仍然需要进行个性化的运动，且大部分运动的强度为中等及以上强度。

六、误区六：体育成绩好，不需要额外的运动

运动是健康生活中一个不可缺少的组成部分，儿童青少年不是为了体育考试才进行运动。体育成绩虽然能在一定程度上评价儿童青少年的身体素质水平，但横向对比体育成绩不是儿童青少年参加运动的最终目的，让儿童青少年养成运动的好习惯才是最重要的。儿童青少年个体发育的早晚各有不同，同一年龄段儿童青少年的发育程度最多能相差四岁。早发育的儿童青少年通常个子高、力气大，他们和晚发育或是正常发育的同龄人相比，体育成绩普遍较好。因此，体育成绩比同龄人好，并不一定代表儿童青少年的运动量与强度达到了科学运动的标准，也并不代表其运动一定满足其生长发育的需求。因此，儿童青少年是否需要进行额外的运动，不应以学校体育成绩的低或高来衡量。在身体发育程度不一致的前提下，我们建议儿童青少年对自身的体育成绩进行纵向对比，不断看到自己的进步，从而增强自信心，也使儿童青少年能够坚持运动。

七、误区七：力量训练会导致儿童青少年长不高，最好不要练

骨骼的生长需要生长激素的加持，适宜的力量训练能够促进生长激素的分

泌，进而促进骨骼生长。但是，过度的力量训练确实有导致骨化过程提早完成和骺软骨损伤的风险，这些问题会影响骨的生长发育。在通常情况下，适宜的力量训练比其他对抗性运动项目更加安全，科学控制力量训练的量与强度可以在很大程度上降低运动损伤风险。

由于儿童青少年的骨骼弹性好而硬度差，不易发生完全骨折而易发生弯曲和变形，在进行力量训练时需注意保持正确的姿势，注意增强躯干力量和稳定性，以预防脊柱弯曲变形。另外，儿童青少年时期，人的生长激素分泌旺盛，可以更好、更快地发展肌肉力量。通常，儿童青少年在10岁以前肌肉增长速度较慢，不宜进行负重练习，可采用自重练习，如徒手跑、跳等；12～13岁时，肌肉增长速度加快，可以增加一些抗阻力（如拉橡皮筋）或小重量（如哑铃等）的力量训练；15～18岁时，肌肉增长速度最快，在运动中可以适当增加阻力或负重，以有效发展肌肉力量。儿童青少年在进行力量训练时，应以动力性力量训练为主，辅以适当的静力性力量训练，负荷不宜过大，组数不宜过多；在训练结束后，要做好放松和牵拉，以缓解肌肉疲劳、预防运动损伤。

八、误区八：运动后马上洗澡有利于体能恢复

无论是凉水澡还是热水澡，都不要在运动结束后立即进行。运动刚刚结束时，人体还需要一段时间释放体内多余的热量，这时候皮肤的毛细血管扩张，毛孔打开。若此时洗凉水澡，皮肤会受到过冷的刺激，这会导致毛细血管骤然收缩，毛孔关闭，不仅不利于热量的散发，还容易着凉，人体的免疫力也会随之下降，严重的甚至会导致血管爆裂，造成脑部淤血。运动后立即洗热水澡也不可取。运动刚结束时血液还集中于肌肉组织，热水会使血管进一步扩张，使血液仍集中于肌肉，这会导致人体其他部位供血不足，使人体出现缺氧情况，导致头晕、恶心等。因此，儿童青少年在运动后应适当做一些放松活动，使身体逐渐恢复至平静状态再去洗澡。

九、误区九：运动后口渴可以立刻大量喝水

在运动过程中，尤其是在天气炎热时，人体会通过大量排汗来散发体内多余的热量，以维持体温恒定。但在排汗的同时，人体会丢失很多无机盐离子，这些

离子以钠、钾离子为主。如果儿童青少年在运动后大量喝水，会在短时间内导致体液中钠离子浓度大幅下降，容易引起抽筋、痉挛等症状，严重者会出现低钠血症，危及生命安全。此外，运动后人体各系统的功能还未恢复到正常状态，短时间内大量饮水还会加重消化系统和泌尿系统的负担。

因此，如果是短时间、小强度的运动，儿童青少年在运动后适当补水即可；如果是长时间、中等及以上强度的运动，尤其在出汗较多的情况下，儿童青少年要注意补充含有电解质（主要是钠离子、钾离子）的运动饮料。需要注意的是，无论是水还是运动饮料，儿童青少年都不能一次性大量饮用，要少量多次，分成小份间隔一段时间分开饮用。

十、误区十：在运动中或运动后喝冰冻饮料有利于降低体温

温度偏低的饮料确实有助于降低体温，但冰冻饮料会给人体带来较大的刺激，影响身体健康。在运动中或运动后一段时间内，肌肉和皮肤的血管处于扩张状态，全身的血液再分配，大量血液流向肌肉和体表，而消化系统则处于相对缺血的状态。此时消化系统的功能减弱，饮用冰冻饮料会给胃部带来强烈刺激，容易诱发厌食症、急性胃炎等。尤其是儿童青少年消化系统的功能还不是很完善，受到刺激后更易引起消化系统功能紊乱。

此外，冰冻饮料会引起非正常的排汗终止、毛孔关闭，这会导致免疫力下降，容易诱发多种疾病。对于参加运动的儿童青少年来说，在运动中或运动后一段时间内饮用室温温度的饮料为宜；若天气炎热，可饮用经过冷藏、温度介于10～15摄氏度之间的饮料，但不宜一次饮用过多。

第二节 日常饮食与运动营养中的常见误区

一、误区一：运动之后肚子饿，可以放开吃

无论运动与否，儿童青少年都要注意能量摄入和能量消耗的平衡。在运动过程中，体内的营养物质被大量消耗，运动结束后儿童青少年要根据运动量按比例和需求适量摄入各类食物，若不加控制地暴饮暴食，很有可能摄入过多的能量而导致能量过剩，造成肥胖。儿童青少年尤其要注意控制油炸食品、甜点等高脂、高糖类食物的摄入，往往跑步一小时所消耗的热量，远不及吃下一块小蛋糕所摄入的热量。对有减肥控体重需求的儿童青少年来说，合理的饮食非常重要，只有严格控制能量的摄入及消耗，才能达到理想的运动效果。

二、误区二：运动有没有效果与饮食无关

合理的饮食是运动的重要环节。一方面，运动需要配合合理的饮食，以及时补充能量，促进身体恢复，合理的饮食可以有效缓解因运动造成的身体疲劳。运动对能量的消耗很大，膳食营养如果搭配不合理，将会造成体能下降过快，达不到健身效果。另一方面，若是在运动后肆无忌惮地进食，则会导致健身效果不佳。运动后许多人会感到食欲增加，这时若不"管住嘴"，就会导致机体能量摄入过多，或是摄入一些影响健身效果的食物，让运动成了"无用功"。因此，儿童青少年要有计划地调整膳食营养，补充多种能量物质，将能量摄入控制在合理的范围内，从而达到科学健身的目的。

三、误区三：不吃主食有利于减肥

不吃主食有利于减肥，这种观点是错误的。主食的主要成分是碳水化合物，而碳水化合物是人体能量的主要来源之一，吃太多主食确实不利于减肥。但是，这不代表在减肥过程中可以不吃主食。从人体代谢的角度来讲，脂肪水解后会产生脂肪酸和甘油。要想消耗脂肪，脂肪酸的代谢是十分重要的环节。脂肪酸经过氧化后进入"三羧酸循环"才能为机体供应能量。但是，这个过程需要草酰乙酸

的帮助才能完成。而草酰乙酸正是碳水化合物的代谢产物。也就是说，完全不吃主食会阻碍脂肪的消耗。从维持健康的角度来讲，人体需要足量的碳水化合物才能维持正常的生命活动，如果不吃或少吃主食，就可能导致能量摄入不足，从而影响身体健康。

四、误区四：减肥时可以用水果代替正餐

减肥期间不要用水果来代替主食。一方面，水果含有大量的葡萄糖、蔗糖，它们可以很快地被机体吸收，使血糖快速升高，促使胰岛素分泌，从而将血液中多余的糖运输至细胞而合成脂肪。另一方面，水果缺少或仅含有少量的动物性食物中的营养素，长期缺乏这些营养素会影响身体健康。

五、误区五：想要增加肌肉就要多补充蛋白质

蛋白质不是吃得越多越好，如果蛋白质补充量大大超过了增肌运动所需要的量，它分解产生的多余的氮元素就不能被身体很好地吸收，氮元素在排泄时需要经过肾脏，这会增加肾脏的工作压力。所以有一种说法叫"蛋白质吃多了伤肾"。

同时，增肌运动对蛋白质的需要量是有上限的，每千克体重长期摄入3克蛋白质就容易超标。需要增肌的人每千克体重摄入的蛋白质应不高于2.5克，而减肥的人每千克体重摄入的蛋白质应不高于2克。

六、误区六：喝骨头汤可以补钙

许多人认为补钙就应该多喝骨头汤，其实这种观点是错误的。研究发现，每100毫升骨头汤中只含有2～5毫克钙，还不到普通牛奶的钙含量的1/20（每100毫升牛奶约含105毫克钙）。无论骨头的用量多少，炖的时间长短，都不能明显改变骨头汤的含钙量，骨头汤中溶入更多的是油脂而不是钙。此外，骨头汤中的钙多为不溶性的钙盐，人体吸收率低。

七、误区七：饮料更加可口，每天多喝饮料就不用喝水了

由于饮料酸甜可口，许多儿童青少年就用饮料来代替水，这是一种不健康的生活方式。第一，饮料中所含的物质不易被人体吸收，经常喝饮料会增加消化系统的负担，引发消化系统疾病。第二，多数饮料中都含有大量的糖，集中摄入糖会导致食欲不振，易造成儿童青少年消化不良和营养不良。第三，饮料中还有许多人工色素、防腐剂和香精，这些化学成分会影响儿童青少年的生长发育。第四，碳酸饮料中的碳酸会引起人体内钙磷比例失调和钙流失，增加儿童青少年成年后患骨质疏松症的风险。

八、误区八：吃饭时就吃自己爱吃的，不爱吃的可以不吃

儿童青少年在生长发育阶段，需要广泛摄入多种多样的营养物质。挑食和偏食会造成某些营养素的摄入缺乏和某些营养素的摄入过量，这些都会影响儿童青少年的生长发育。此外，许多儿童青少年爱吃烧烤和油炸食品。这类食物大多有蛋白质利用率低、营养物质被严重破坏、油脂含量高、致癌物含量高的问题。过多食用会对儿童青少年的身体健康造成极大的危害。

九、误区九：快餐更方便可口，经常吃也没事

西式快餐大多为油炸食品，而油炸食品含有大量的脂肪和反式脂肪酸。正处于成长期的儿童青少年在大量食用油炸食品后，这些物质会影响其对必需脂肪酸的吸收，使血液中的甘油三酯和胆固醇升高，导致肥胖，增加其成年后患心血管疾病和糖尿病的风险。中式快餐大多由餐包加热而成，不仅菜品的新鲜度难以保证，菜品的营养成分也多被破坏，且大多含有防腐剂，防腐剂会在一定程度上抑制骨骼生长，危害肾脏、肝脏的健康。

十、误区十：多吃零食可以少吃饭

合理地食用优质零食可以补充体内的营养素并增加儿童青少年的食欲和愉悦感。但是，即使是水果、坚果等优质零食在过量摄入后也会导致糖和胆固醇的摄入量超标。那些"垃圾零食"往往含有过多的反式脂肪酸和亚硝酸盐，过量摄入

不仅会影响儿童青少年的生长发育，还会增加其成年后患心血管疾病、糖尿病甚至癌症的风险。儿童青少年在闲暇聚会、看电视等情况下会无意识地过量食用零食，因此家长在零食的选择和量的控制上应多加注意。

参考文献

[1] 丹·贝纳多特. 高级运动营养学[M]. 北京：人民体育出版社，2011.

[2] 高树军，马冠生. 儿童青少年的饮食行为：2.早餐[J]. 国外医学（卫生学分册），1998（5）：26-30.

[3] 何建伟，王晓伟，卢伟，等. 运动员维生素补充的建议与思考——以维生素A、B、C、E为视角[J]. 运动，2010（5）：4-6.

[4] 黄彬. 维生素E在防治运动性肌肉损伤中的应用[J]. 体育与科学，2001，22（4）：50-52.

[5] 季成叶. 儿童少年卫生学[M]. 7版. 北京：人民卫生出版社，2012.

[6] 江汉，台保军，许仙枝，等. 母亲文化程度对儿童饮食习惯的影响[J]. 武汉大学学报（医学版），2002，23（3）：282-284.

[7] 金卫民. 少儿体内锌与铁和钙等微量元素的含量探析[J]. 医学信息，2014（21）：637-638.

[8] 金文泉. 维生素与抗衰老（四）[J]. 食品与生活，2014（11）：58-59.

[9] 刘明. 青少年体育训练中运动损伤的预防研究[J]. 当代体育科技，2018（25）：35-36.

[10] 刘武. 探讨锌、钙、铁微量元素对儿童骨密度的影响及改进对策[J]. 数理医药学杂志，2015（7）：1055-1056.

[11] 麦婷婷. 浅谈学前儿童饮食习惯的培养[C]. 中国营养学会第六次全国妇幼营养学术会议，2006：286-290.

[12] 邱烈峰. 维生素与运动研究进展[J]. 中国老年学杂志，2016，36（9）：2287-2290.

[13] 宋来，谭虹. 脂溶性维生素与冰上运动[J]. 冰雪运动，2011，33（2）：42-45.

[14] 孙海丽，刘亚玲，李佩玲. 儿童微量元素含量分析[J]. 中国妇幼保健，2005，20（9）：1138-1139.

[15] 孙静. 青少年运动损伤的预防与康复研究[J]. 科教导刊-电子版，2018（8）：241-242.

[16] 汪斌. 维生素C对健康与运动能力的影响[J]. 当代体育科技，2014，4（20）：15，17.

[17] 王东霞，张卫群，张菁菁. 少儿体内锌和铁及钙等微量元素的含量分析[J]. 中国现代药物应用，2012，6（6）：25-26.

[18] 王康. 浅谈幼儿良好饮食习惯的培养[J]. 黑河教育，2016（7）：17-18.

[19] 王克海. 青少年运动营养注意事项[J]. 中国学校体育，2010（4）：79.

[20] 王睿，尤媛，张格祥，等. 中国裕固族7～12岁儿童维生素A水平检测分析[J]. 中国公共卫生，2010，26（6）：659-660.

[21] 王淑颖，李沛珅. 超乎想象的平民食物[J]. 决策与信息（上旬刊），2013（10）：75-76.

[22] 魏霞，管晓丽，张保华，等. 体育锻炼对中小学生心肺功能影响因素的研究[J]. 职业与健康，2002，18（8）：94-95.

[23] 吴小灵. 浅谈如何培养小学生良好的健康饮食习惯[J]. 读与写（中旬刊），2016，13（6）：20.

[24] 吴怡扬. 播种行为，收获习惯——浅谈指南引领下幼儿良好饮食习惯的培养[J]. 考试周刊，2014（52）：189.

[25] 许豪文，周红律. 骨质疏松、维生素K和运动[J]. 天津体育学院学报，2003，18（2）：51-53.

[26] 《运动解剖学、运动医学大辞典》编辑委员会. 运动解剖学、运动医学大辞典[M]. 北京：人民体育出版社，2000.

[27] 翟凤英，何宇娜，王志宏，等. 中国城乡居民膳食营养素摄入状况及变化趋势[J]. 营养学报，2005，27（3）：181-184.

[28] 张靖. 青少年这样吃才对[M]. 北京：电子工业出版社，2014.

[29] 张翔，李俊青. 运动与维生素C[J]. 忻州师范学院学报，2004，20（2）：92-93.

[30] 张小敏. 浅谈青少年体育活动中常见的运动损伤及家庭康复[J]. 考试周刊，2018（39）：145.

[31] 张玉. 蜂胶、维生素C的合剂对延缓小鼠运动疲劳的实验研究[D]. 武汉：湖

北大学，2008.

[32] 张玉芝. 微量元素与人体健康[J]. 微量元素与健康研究，2004，21（3）：56-57.

[33] 中国肥胖问题工作组. 中国学龄儿童青少年超重、肥胖筛查体重指数值分类标准[J]. 中华流行病学杂志，2004，25（2）：97-102.

[34] 杨月欣，王光亚，潘兴昌. 中国食物成分表[M]. 北京：北京大学医学出版社，2009.

[35] 中国营养学会. 中国居民膳食营养素参考摄入量速查手册（2013版）[M]. 北京：中国标准出版社，2014.

[36] 中国营养学会. 中国居民膳食指南（2022）[M]. 北京：人民卫生出版社，2022.

[37] 《中华儿科杂志》编辑委员会，中华医学会儿科学分会儿童保健学组，全国佝偻病防治科研协作组. 维生素D缺乏性佝偻病防治建议[J]. 中华儿科杂志，2008，46（3）：190-191.

[38] 钟日英，李小宁，吴晓兰，等. 微量元素铜、锌、钙、铁、铅、镉异常对儿童骨密度的影响[J]. 牡丹江医学院学报，2015（3）：83，84-85.

[39] 朱蔚莉. 维生素E对力竭小鼠股四头肌、脑组织自由基代谢的影响[J]. 体育科学，2002，22（5）：108-110.